JN085030

スイスイ うかる

販売士

（リテールマーケティング）

1級 問題集 part 1

TAC販売士研究会

TAC出版
TAC PUBLISHING Group

は じ め に

　近年，流通業界をとりまく環境は，顧客ニーズの多様化・細分化，IT化の著しい進展などにより大きく変化しています。そのため，販売士検定試験の内容をこうした時代の変化に対応させようと試験の科目体系の抜本的見直しが行われました。この結果，販売士3級は平成18年度，販売士2級は平成19年度，販売士1級は平成20年度から，新しい科目体系にもとづき出題されています。また，平成27年度試験から，「販売士検定試験」は「リテールマーケティング（販売士）検定試験」に呼称変更されました。

　2020年初めから新型コロナウイルスの感染が拡大したことから，2020年7月実施のリテールマーケティング（販売士）検定試験が中止になりました。同試験の実施団体である日本商工会議所は多くの学習者が受験機会を喪失することになったことを重く受け止め，新型コロナウイルス感染症だけでなく，自然災害などの不測の事態に対応するため，2021年7月28日からリテールマーケティング（販売士）検定試験をネット試験方式に切り替えました。

　リテールマーケティング（販売士）検定試験の大きな特徴は，学習教材である『ハンドブック』にもとづき試験問題が作成されていることです。つまり，リテールマーケティング検定試験に出題される問題の大部分は『ハンドブック』に記載されている内容がそのまま出されるか，あるいはそれをベースに問題が作成されています。したがって，『ハンドブック』以外の他の専門書等で受験勉強をしても非常に効率の悪いものとなります。

　ところが，1つ大きな問題が生じます。それは，学習教材である『ハンドブック』は2分冊から成り，これらの合計ページはB5判（本の大きさ）で約595ページもあることと，学習者からすると，そこに書かれている内容をしっかり把握することが難しいということです。

　そこで，こうした読者の悩みを解決するため，『ハンドブック』に準じ，それをコンパクトに凝縮した問題集を発行することにしました。"問題を解き，その解説を読む過程で，重要なこと・ポイントを1つひとつ理解し，覚えていこう"というものです。内容構成も『ハンドブック』に準じているので，全体像を自分なりにイメージできるはずです。

CONTENTS	リテールマーケティング（販売士）検定１級問題集 Part1 ＜小売業の類型＞

リテールマーケティング
（販売士）検定試験の徹底研究

1 リテールマーケティング(販売士)検定試験 1級の概要

1 試験の内容

　従来，販売士検定試験1級は筆記試験と面接試験から構成されていましたが，面接試験は平成25年度の第41回(平成26年2月19日施行)をもって廃止となりました。よって，平成26年度の第42回(平成27年2月18日施行)からは筆記試験のみが実施されています。

　ところが，2020年初めから新型コロナウイルスの感染が拡大したことで，2020年7月実施のリテールマーケティング(販売士)検定試験(2級と3級)が中止になりました。このため，同試験の実施団体である日本商工会議所は多くの学習者が受験機会を喪失することになったことを重く受けとめ，新型コロナウイルス感染症だけでなく，自然災害などの不測の事態に対応すべく，2021年7月28日からリテールマーケティング(販売士)検定試験(1級～3級)をネット試験に切り替えました。

　従来，リテールマーケティング(販売士)検定試験1級は毎年1回，2月にしか受験機会はありませんでしたが，ネット試験の導入により，自分の都合のよい日，都合のよい時間帯に受験可能となりました。

(1)試験科目

　次の5科目です。

①小売業の類型　　　　②マーチャンダイジング
③ストアオペレーション　④マーケティング
⑤販売・経営管理

(2)出題形式

　各科目とも，択一式穴埋問題　小問10問
　　　　　　　　記述式穴埋問題　小問10問
　よって，5科目合計で小問が100問出題されます。
　※「記述式穴埋問題」は，問題文中の空欄に，最も適当な語句・短文を入力する形式です。

（3）試験時間

　　休憩なしで90分。

　① 小売業の類型
　② マーチャンダイジング
　③ ストアオペレーション ⎬ 90分
　④ マーケティング
　⑤ 販売・経営管理

（4）科目合格について

　　1級試験の場合，不合格になっても70点以上取得した科目は「科目合格」が適用されます。有効期限は，科目合格をした受験日に属する年度の翌年度末までです。

（例）2022年11月に受験し，「マーチャンダイジング」科目を科目合格した場合，2024年3月末まで科目合格が適用されます。なぜなら，2022年11月に受験したので，受験した年度は2022年度となります。有効期限は，受験した日の属する年度の翌年度末なので，2022年度の翌年度は2023年度となり，その年度末は2024年3月末となります。2023年度とは，2023年4月初めから2024年3月末までのことです。

※受験申込時に，合格済みの科目のみ科目別合格証明書またはスコアボードの画像を必要数すべてマイページから登録すること。

　　なお，科目別合格者の試験時間は，5科目受験者と同様に90分です。ただ，試験終了時間前にやめることは可能で，その時間は終了ボタンと印刷ボタンを押します。

（5）合格基準

　　各科目70点以上であること。つまり，合格するためには，5科目すべての得点でそれぞれ70点以上必要です。

2　受験の手続き

（1）受験資格

　　学歴，年齢，性別，国籍等による制限はありません。

(2) 試験の方法

試験会場のパソコンを使用し，インターネットを介して受験が実施されます。

(3) 試験申込・試験日時

各試験会場が定める試験日時と受験者の都合を調整して，決めることになっています。

① インターネット申込方式

以下の株式会社 CBT-Solutions のリテールマーケティング（販売士）検定試験申込専用ページから，受験会場を選び，空いている日時で試験を予約できます。

これまでの統一試験日（1級は年1回）での実施と異なり，随時受験が可能です。（試験日の変更，領収書の発行については，株式会社 CBT-Solutions に相談ください）

https://cbt-s.com/examinee/examination/jcci_retailsales

② 会場問い合わせ方式

以下の商工会議所検定ホームページ内の「商工会議所ネット試験施行機関」検索ページから，試験会場を選択し，各試験会場へ直接申込んでください。

https://links.kentei.ne.jp/organization

(4) インターネット申込方式の手順

随時，受験が可能です。その手順は次の通りです。なお，スマートフォンからの申込みは可能です（ガラパゴスケータイは不可）。

① 株式会社 CBT-Solutions のリテールマーケティング（販売士）検定試験申込専用ページ（https://cbt-s.com/examinee/examination/jcci_retailsales）にアクセスします。

② ユーザ ID とパスワードを取得し，受験者登録を行います。これにより，マイページ（受験者専用ページ）が作成できます。

③ ログインし，希望の試験（1級，2級，3級）を選択します。試験会場を選び，空いている日時で試験を予約します。

なお，受験日・会場の変更・キャンセルはマイページから受験日の3日前（例・受験日が21日の場合は18日）まで可能です。

(5)受験料

　　1級－7,850円(税込)

　　※上記の受験料の他に，別途，事務手続料として，受験者1名あたり550円
　　　(税込)がかかります。

(6)試験当日の持ち物

　　・本人確認証　　　・電卓

　　※持ち込み可能な電卓は計算機能(四則演算)のみのものに限ります。

3　試験の実施状況

　　下表に示されるように，統一試験は2021年2月でもって終了し，2021
年7月28日以降は，ネット試験が実施されています。

〔統一試験〕

回	受験者数	実受験者数	合格者数	合格率
85回 (2020・2・19)	1,133 名	909 名	194 名	21.3 %
87回 (2021・2・17)	836 名	695 名	174 名	25.0 %

〔ネット試験〕

期　　間	受験者数	実受験者数	合格者数	合格率
2021・7・28〜 2022・3・31	844名	795名	137名	17.2%
2022・4・1〜 2022・9・30	530名	485名	86名	17.7%

2 ネット試験の概要

■ 択一式穴埋問題の出題形式

　下に示されてあるように，「次の各問の〔　　〕の部分にあてはまる最も適当なものを選択肢から選びなさい」というものです。そして，〔　　〕にあてはまるものが，たとえば「リージョナル型」と思ったら，その左側にある。の穴をマウスでクリックします。すると，穴が黒くなります。

　次の各問の〔　　〕の部分にあてはまる最も適当なものを選択肢から選びなさい。

　日本のSC（ショッピングセンター）は目覚ましい発展に伴い，多様な集積形態を生み出してきた。これらのうち，〔　　〕とは，スーパーマーケットとドラッグストアなどの生活密着型店舗形態を組み合わせた小型SCのことである。

- ○　リージョナル型
- ○　ネイバーフッド型
- ○　コミュニティ型
- ○　価格訴求型

○解答状況　　○再考する　　○前の問題へ　　○次の問題へ

解答が終了すると，最下段に「。解答状況」「。再考する」「。前の問題へ」「。次の問題へ」という4つのボタンが並んでいるので，これらのうちどれかを選んで，。の穴をマウスでクリックします。

「。次の問題へ」のボタンを押すと，下のような問題がパソコン画面に出ます。ネット試験では合計100問出題されますが，下に示されてあるように，パソコン上の1画面には問題1問だけが掲載されています。

┌─────────────────────────────┐
│ 問題1問でパソコン画面が1画面 │
└─────────────────────────────┘
　　↓　　　　　　　　↓

┌───┐
│　次の各問の〔　　〕の部分にあてはまる最も適当なものを選択肢から選びなさい。 │
│   │
│　　循環型社会基本法は循環型社会を形成するうえでの国の基本方針である。同法では，廃棄物の最終処分量を削減するため，優先順位を定めているが，そのトップに挙げているものは〔　　〕である。 │
│   │
│　　○　　リデュース   │
│　　○　　リユース   │
│　　○　　マテリアルリサイクル   │
│　　○　　サーマルリサイクル   │
│   │
│   │
│ ○解答状況　　○再考する　　○前の問題へ　　○次の問題へ │
└───┘

画面の最下段にある「。解答状況」を押すと，5 科目すべての解答状況（解答状況一覧）を示す画面に切り替わります。

下の「小売業の類型」と「マーチャンダイジング」はその一部を示したものです。「解答状況」は「解答済」「未解答」「再考」「解答中」の 4 つに分けられ，それらが色分けして表記されています。たとえば，「解答済」は青，「未解答」は赤，「再考」は黄，「解答中」は黒となります。

〔小売業の類型〕

1	2	3	4	5	6	7	8	9	10
青	青	赤	青	青	青	赤	赤	黄	青

青→解答済
赤→未解答

11	12	13	14	15	16	17	18	19	20
青	黄	赤	赤	青	黒	赤	赤	赤	赤

黄→再考
黒→解答中

〔マーチャンダイジング〕

1	2	3	4	5	6	7	8	9	10
赤	赤	赤	赤	赤	赤	赤	赤	赤	赤

青→解答済
赤→未解答

11	12	13	14	15	16	17	18	19	20
赤	赤	赤	赤	赤	赤	赤	赤	赤	赤

黄→再考
黒→解答中

なお，たとえば，小売業の類型の 16 番を解いていて，気分転換にマーチャンダイジングの問題を解いてみたいと思ったら，「解答状況」の穴をクリックし，「解答状況一覧」に切り替え，そこでマーチャンダイジングの 1 番のボタンを押すと可能となります。

❷ 記述式穴埋問題の出題形式

　次ページにあるように，「次の各問の〔　　〕の部分にあてはまる最も適当な語句・短文を記入しなさい」というものです。そして，〔　　〕にあてはまるものが，たとえば「キャッシュフロー」と思ったら，その下にある▢▢▢▢▢の中に，キーボードを使って，「キャッシュフロー」と入力します。もちろん，記入した解答を後で訂正することはできます。一応解答はしたものの，後で「再考」したいと思ったら，画面の最下段にある「○再考する」をクリックします。

　次ページのパソコン画面の「最上部」を見てください。ここには，「リテールマーケティング（販売士）1級」「17／106」「74：32」となっています。「リテールマーケティング（販売士）1級」は，「1級の販売士試験」であることを示しています。「17／106」は，全部で106画面ありますが，この画面は最初から数えて17番目の画面であることを示しています。ただし，これは試験内容と直接関係はありません。「74：32」は，試験の残り時間が74分32秒であることを示しています。

　また，その下の「小売業の類型　11／20問」は，下の問題は「小売業の類型」の問題で，この問題は「小売業の類型」の問題20問のうち，11番目の問題であることを示しています。

　「小売業の類型」の問題のうちの「択一式穴埋問題」であるので，パソコン画面上には「小売業の類型　1／20問」「小売業の類型2／20問」などと書かれています。

　「択一式穴埋問題」のときは各問題とも，「次の各問の〔　　〕の部分にあてはまる最も適当なものを選択肢から選びなさい」という問題設定ですが，「記述式穴埋問題」は各問題とも，「次の各問の〔　　〕の部分にあてはまる最も適当な語句・短文を記入しなさい」という問題設定です。

正　解	
第1問（日本のSC……）	正解 ネイバーフッド型
第2問（循環型社会基本法……）	正解 リデュース
第3問（フランチャイジー……）	正解 キャッシュフロー

リテールマーケティング（販売士）1級　　17／106　　74：32

小売業の類型　11／20問

次の各問の〔　　〕の部分にあてはまる最も適当な語句・短文を記入しなさい。

フランチャイジーにとって，月々どれくらいの利益を出せるか，投資した資金が何年で回収できるかは重要な関心事である。

一般に投資回収期間は，加盟金や設備投資をはじめとした初期投資額を，年間で稼いだ〔　　〕の額で割ることにより算出できる。

◦解答状況　　◦再考する　　◦前の問題へ　　◦次の問題へ

3 本書の特長と利用法

■ 「正誤問題」を中心に掲載した

　従来，リテールマーケティング（販売士）1級の出題形式は「正誤問題」「択一問題」と「記述式問題」の2つのタイプから構成されていました。

　ところが，ネット試験の導入により，販売士1級の出題形式は，「択一式穴埋問題」と「記述式穴埋問題」の2つのタイプに変更されました。「択一式穴埋問題」はP10とP11，「記述式穴埋問題」はP14に掲載されています。

　P10に掲載した問題は「日本のSC（ショッピングセンター）」に関するものですが，その類似問題がP157に掲載した「ショッピングセンターに関する正誤問題」です。

　P10に掲載した問題から得られる知識は，「ネイバーフッド型ショッピングセンターとは，スーパーマーケットとドラッグストアなどの生活密着型店舗形態を組み合わせた小型SCである」ということだけです。一方，P157に掲載した問題からは，それ以外にも，ショッピングセンターに関する多くの知識を学ぶことができます。つまり，1つの問題から多くのことを学ぶためには，従来のような「正誤問題」を作成し，それを解くことが早道ということです。また，ショッピングセンターについて体系的に学ぶことができるということも大きなメリットです。

　したがって，本書では，従来のような「正誤問題」「択一問題」を中心に掲載しました。

■ 「ハンドブック」の内容にもとづいた問題作成

　リテールマーケティング（販売士）検定試験の問題は，学習教材であるハンドブックの内容にもとづいて作成されています。したがって，本書の問題もハンドブックの内容に忠実に問題を作成しました。

　たとえば，『販売士ハンドブック（発展編）①小売業の類型　②マーチャンダイジング　リテールマーケティング（販売士）検定試験1級対応』のP25に次のような記述があります。

　「小売業が海外進出で成功を収めている背景には，次の4つの条件が後押ししていることがある。

①政策・貿易・通商レベルで，自由貿易と自由競争の基盤が浸透しつつあること。

②国際会計基準の導入が進み，国境を越えた投資や資本移動，企業業績管理のインフラが整いつつあること。

③インターネットの普及など……」

本書では，この箇所をもとに次のような問題を作成しました。

> □ 次のア～オは，小売業の国際化に関する記述である。正しいものには1を，誤っているものには2を記入しなさい。
>
> ア　………
> イ　………
> ウ　小売業が海外進出で成功を収める要因としては，「政策・貿易・通商レベルで，自由貿易，自由競争の基盤が浸透しつつあること」などが挙げられる。

ウの答えは当然1となります。販売士検定試験の場合，ハンドブックにもとづいて問題を作成しているので，上記の箇所を使って問題を作成した場合，上のウのような内容になると考えられます。つまり，本書に記載されていることを理解するということは，間接的に，ハンドブックに記載されていることを理解することになります。

③ 「ハンドブック」の内容構成と同じ

ハンドブックは，『販売士ハンドブック（発展編）①小売業の発展　②マーチャンダイジング』（上巻）と，『販売士ハンドブック（発展編）③ストアオペレーション　④マーケティング　⑤販売・経営管理』（下巻）の2分冊から成ります。しかし，本シリーズでは，その構成を，『Part 1〈小売業の類型〉』『Part 2〈マーチャンダイジング〉』『Part 3〈ストアオペレーション〉』『Part 4〈マーケティング〉』『Part 5〈販売・経営管理〉』の5分冊としました。おそらく，学習者からすれば，5分冊で勉強する方が気分もよいし，効率もアップするものと考えます。

また，ハンドブックの「小売業の類型」の内容構成は，「第1章　流通システムの変革と小売業の新たな役割」～「第5章　商店街とショッピングセンターの戦略的特性」となっています。これについて，本シリーズはハンドブックと同じものになっています。

ハンドブックの「第1章　流通システムの変革と小売業の新たな役割」は，

「第1節　流通政策の変遷」「第2節　循環型社会と流通」「第3節　グローバル小売競争の展開」「第4節　小売業主導のバリューチェーンの展開」の4つの節から構成されていますが，本シリーズではこれを「実力養成問題　流通政策の変遷」「実力養成問題　循環型社会と流通」「実力養成問題　グローバル小売競争の展開」「実力養成問題　小売業主導のバリューチェーンの展開」という形式で表しました。

　おそらく，これにより読者も安心して，本書に取り組めると思います。

実力養成 問題　流通政策の変遷（1）

□ 次のア～オは，流通政策に関する記述である。正しいものには1を，誤っているものには2を記入しなさい。

　ア　日本の流通政策は従来，中小企業を激しい競争から保護することを目的としてきたが，1980年代後半以降の諸外国からの市場開放への圧力により，規制緩和などが段階的に進められることになった。
　イ　1956年に施行された百貨店法は……

POINT!! 解説

　ア：1956年には第二次百貨店法，1974年には大規模小売店舗法（大店法）が施行された。両法とも大型店の出店を規制するもので，中小の小売業を保護することを目的とした。しかし，1980年代後半以降，特にアメリカからの市場開放への圧力が強くなり，大店法の運用適正化が図られ，1991年には大店法の改正が行われた。

4　わかりやすい解説

　本書の大きな特長の1つは解説が充実していることです。本書の最初の問題と，その解説のごく一部を上に掲載しました。

　アの正解は1です。よって，まずはアの記述から，自分の知らなかったことを吸収するように努めます。アの記述から，「従来，日本の流通政策は中小企業の保護を目的になされていたこと」「1980年代後半以降，諸外国からの市場開放の圧力が強まったため，規制緩和が段階的になされたこと」を知ることができます。

次に注目するのは〔解説〕です。この記述から，「第二次百貨店法と大規模小売店舗法（大店法）の両法は中小の小売業の保護を目的としたもので，これにより大型店の出店が規制されていたこと」「1980年代後半以降，特にアメリカからの市場開放への圧力が強くなり，その結果，大店法が改正されたこと」を知ることができます。

以上のように1つの問題を通していろいろなことを吸収することで，実力は向上します。したがって，常に"追加的に覚えるものは何かないか"という姿勢を堅持することです。

5 **"記述式問題"の対策もできる**

販売士1級検定試験の大きな特徴は，"記述式"の問題が出題されることです。

ネット試験の導入により，記述式の出題形式は大きく変わりました。

そこでまずは，従来の記述式の出題形式を見てみましょう。

第36回販売士検定試験で出題されたテーマは次の通りです。

●フランチャイズシステムがもたらす投資リスクの軽減効果について，フランチャイザー（本部）とフランチャイジー（加盟店）の各々の立場から簡潔に記入しなさい。

フランチャイザー（本部）の立場から

_____

_____

_____

フランチャイジー（加盟店）の立場から

_____

_____

_____

●ジャストインタイム物流システムについて，簡潔に説明しなさい。

_____

_____

_____

_____

_____

_____

上記の２問を見てわかるように，出題テーマは受験者が比較的書きやすいものが選ばれていました。ただ，限られた時間内に，限られたスペースに，自分の伝えたいことをうまく表現しなければならないので，何度も書いて，文章を書くのに慣れるまでが大変だと考えられます。

一方，ネット試験の記述式穴埋問題は先に示したように，下記のような問題です。

◉次の各問の〔　　〕の部分にあてはまる最も適当な語句・短文を記入しなさい。
⑪　フランチャイジーにとって，月々どれくらいの利益を出せるか，投資した資金が何年で回収できるかは重要な関心事である。

　一般に投資回収期間は，加盟金や設備投資をはじめとした初期投資額を，年間で稼いだ〔　　〕の額で割ることにより算出できる。

上問の〔　　〕には，「キャッシュフロー」が入ります。十分準備している人は「キャッシュフロー」を記入するのは簡単だと思われます。

しかし，〔　　〕が「初期投資額」の箇所に設けられたらどうでしょうか。問題の難易度は上がります。

さらに，〔　　〕が「年間で稼いだキャッシュフロー」の箇所に設けられたらどうでしょうか。問題の難易度はさらに上昇します。

つまり，〔　　〕がどの箇所にあるかによって問題の難易度が変わってくるので，その点を頭に入れながら，記述式穴埋問題の対策をしましょう。

6　巻末にネット試験の模擬テストを掲載

ネット試験は，「択一式穴埋問題」10問，「記述式穴埋問題」10問の２本立てです。

本書の本文には，従来の「正誤問題」「択一問題」と「記述式穴埋問題」は掲載してありますが，「択一式穴埋問題」は掲載していません。その理由は，従来の「正誤問題」「択一問題」と「記述式穴埋問題」でトレーニングを積めば，おのずと「択一式穴埋問題」を解く実力が身につくと考えたからです。

ネット試験の模擬テストに取り組む際に注意してもらいたいことは次の点です。

- 制限時間を守ること。ただし，得意，不得意科目があると思うので，不得意科目の場合は制限時間を 5 分程度オーバーしても OK です。
- 解ける問題はスイスイ解いていけば OK ですが，問題は"後で処理したい問題"をどうするかということ。人によっては，その場で決着をつける方が結果はよい人という人もいるので，この模擬テストを通じて自分にとってベターはどちらかを考えてみましょう。
- 模擬テスト 1 が終了し，自己採点が終わった後で，模擬テスト 2 に取り組むこと。決して，模擬テスト 1 と模擬テスト 2 を同時に行わないこと。どのようなペースで問題を解いていけばよいかを知っておくことは大切なことです。

流通システムの変革と小売業の新たな役割

第1章

□ 次のア～オは, 流通政策に関する記述である。正しいものには1を, 誤っているものには2を記入しなさい。

ア　日本の流通政策は従来, 中小企業を激しい競争から保護することを目的としてきたが, 1980年代後半以降の諸外国からの市場開放への圧力により, 規制緩和などが段階的に進められることになった。

イ　1956年に施行された百貨店法は出店する店舗に着目してその面積を調整するものであったが, これに代わって制定された大規模小売店舗法（大店法）は企業ごとに出店面積を許可する「企業主義」を採用した。

ウ　大店法の最大の特徴は地元の中小小売業や消費者代表などで構成される商業活動調整協議会において出店調整を行うことで, このため, 既存の商店主は同協議会で大型店の出店に反対した。

エ　まちづくり三法とは, 都市計画法, 大規模小売店舗立地法（大店立地法）, 中心市街地活性化法の総称のことで, その目的は大型店の郊外出店をさらに規制することにより, 中心市街地を活性化することにある。

オ　大店法の規制が緩和されたことで中心市街地や商店街の衰退が急速に進展したため, 中心市街地および商店街の活性化は商業問題としてだけでなく, 都市問題としても捉えられることになった。

POINT!! ▶ 解説

ア：1956 年には第二次百貨店法，1974 年には大規模小売店舗法（大店法）が施行された。両法とも大型店の出店を規制するもので，中小の小売業を保護することを目的とした。しかし，1980 年代後半以降，特にアメリカからの市場開放への圧力が強くなり，大店法の運用適正化が図られ，1991 年には大店法の改正が行われた。

イ：百貨店法による出店規制は，企業ごとに出店面積を許可する「企業主義」が採用された。そのため，1960 年代に増加したスーパーは百貨店法の規制を逃れるため，いくつかの別会社を設立し，たとえば 1 階は A 社，2 階は B 社，3 階は C 社の運営などとした。そのため，こうしたスーパーの出店に対して中小小売業から反対運動が起こって百貨店法は廃止となり，代わって大規模小売店舗法（大店法）試験に出た！が制定された。

　大店法では「企業主義」を廃止し，「店舗主義」を採用した。つまり，出店する店舗に着目し，その面積を調整した。なお，百貨店法は許可制であったが，大店法は届出制とした。

　Key　百貨店法→企業主義　大店法→店舗主義

ウ：大店法における届出制は"事前審査付き届出制"であったことから，まずは商業活動調整協議会において出店調整が行われた。ここに大店法の最大の特徴があった。

　商業活動調整協議会は，地域の中小小売業や消費者代表などで構成された。そのため，大型店の出店に対して地域の中小小売業は必ず反対することとなり，大店法は運用面で問題が生じることになった。

　アメリカの外圧などにより大店法は 1991 年に改正され，その際，商業活動調整協議会は廃止された。以降，大店法の規制緩和の流れの中で大型店，ショッピングセンターの郊外などへの出店や開発が急ピッチで行われた。

エ：大店法に代わり制定された大規模小売店舗立地法（大店立地法）は大型店と地域社会との融和の促進を目的とするもので，店舗面積等の量的な調整は行われない。つまり，大型店の郊外出店を規制するものではない。

オ：1990 年代後半には商業問題と都市問題が連動して考えられるようになった試験に出た！ことで，中心市街地活性化法，大規模小売店舗立地法，改正都市計画法，のいわゆる「まちづくり三法」試験に出た！が 1998 年 5 月に制定された。

正解　□ ア 1　□ イ 2　□ ウ 1　□ エ 2　□ オ 1

実力養成 問題 流通政策の変遷（2）

☐ 次のア～オは，まちづくり三法に関する記述である。正しいもの
には1を，誤っているものには2を記入しなさい。

ア　中心市街地活性化法はまちづくりにおける活性化の側面にかか
わる制度であり，大規模小売店舗立地法（大店立地法）と都市計画
法はまちづくりにおける規制的側面にかかわる制度である。

イ　大店立地法は，大型店の店舗面積や閉店時間等の調整を行うと
ともに，大型店の出店を「周辺の生活環境の保全」という観点から
調整を行うものである。

ウ　2006年に「まちづくり三法」の見直しが行われたが，その主な
内容は市街地の郊外への拡散を抑制し，まちの機能を中心市街地
に集中させるため，大型店の出店規制の強化と中心市街地への多
様な支援を行うというものである。

エ　建築基準法が改正されたことで，総床面積1万㎡を超える小売
店などの大規模集客施設は「工業地域」「第二種住居地域」「準住居
地域」の3つの用途地域で原則として立地が禁止された。

オ　2006年に改正中心市街地活性化法が成立したことで，中心市
街地活性化基本計画に定められた活性化策のうち，市街地の整備
に関する事業は主に市町村が行い，商業振興等の活性化事業は
TMO等が推進することになった。

POINT!! ▶解説

ア：中心市街地活性化法は，中心市街地の活性化を目的とするものである。
大規模小売店舗立地法は，大型店の出店を生活環境の保全という観点から
調整するものである。都市計画法は都市の健全な発展等を目的とするもの
で，そのために土地利用に様々な制限が設けられている。したがって，大
店立地法と都市計画法は，まちづくりにおける規制的側面にかかわる制度
といえる。

イ： 大店立地法(試験に出た!)は大型店の出店を「周辺の生活環境の保全」という観点から調整を行うもので，生活環境に配慮すれば大型店の出店は原則自由というものである。なお，大型店の店舗面積や営業時間(閉店時間など)に制限を課していたのは大店法である。

ウ： 1998年に「まちづくり三法」が制定されたが，その後も中心市街地の空洞化に歯止めがかからなかったことから，中心市街地活性化法と都市計画法が2006年に改正された。

中心市街地活性化法については，活性化策の実効性が乏しいということで，改正法では中心市街地への多様な支援策などが盛り込まれた。また，都市計画法については，大型店の出店規制が弱いということで，改正法では大型店の出店規制が強化された。

エ： 建築基準法の改正により，大規模集客施設の立地地域が制限された。具体的には，総床面積が1万㎡を超える小売店などの大規模集客施設の立地は，中心街に広がる「商業地域」「近隣商業地域」「準工業地域」の3用途地域に原則限られ，「工業地域」「第二種住居地域」「準住居地域」の3用途地域では原則禁止とされた(試験に出た!)。

オ： 「2006年に成立した改正中心市街地活性化法」に関する記述ではなく，「1998年に成立した中心市街地活性化法」に関する記述である。

改正中心市街地活性化法では，中心市街地を活性化するための体制を整備するため，TMOを発展的に改組し，多様な関連主体が参加する中心市街地活性化協議会が新設された。

表　中心市街地活性化法の主な改正点

改正前	改正後
市街地の整備改善と商業活性化が支援対象	商業活性化のほか都市福利施設の整備，まちなか居住などの整備も支援
市町村の方針に沿ってTMOが構想・計画を策定	地元商工会議所・商工会，都市整備の公的機関，商業者，地権者などで組織する中心市街地活性化協議会の意見を反映しながら，市町村が基本計画を策定
経済産業大臣が支援するTMO計画を認定	内閣に中心市街地活性化本部が設置され，本部長に就任する内閣総理大臣が基本計画を認定

出所：『販売士ハンドブック(発展編)』

正解　□ア 1　□イ 2　□ウ 1　□エ 1　□オ 2

流通政策の変遷

第1章　第2章　第3章　第4章　第5章　模擬テスト

25

□ 次の文章は，改正中心市街地活性化法と改正都市計画法に関して述べたものである。文中の〔　〕の部分に該当するものを，下記の語群から選びなさい。

　　まちづくり三法施行後も中心市街地や商店街が衰退し，市街地の機能が郊外へ拡散する動きは止まらなかった。このため，2006（平成 18）年の通常国会において，中心市街地活性化法と都市計画法が改正された。

　　改正中心市街地活性化法では，中心市街地活性化の総合的，かつ，一体的な推進について必要な事項を協議するため，中心市街地ごとに，〔ア〕を組織することになった。また，市町村が中心市街地活性化法による支援措置を受けるためには，国の基本方針にもとづいて中心市街地活性化基本計画を策定し，実現可能性や活性化への寄与度を基準とする〔イ〕による認定を受けなければならないことになった。

　　改正都市計画法では，建築基準法の改正にもとづき，大規模集客施設の立地規制が新たに設けられた。従来，延べ床面積〔ウ〕㎡以上の大規模商業施設は，市街化区域の中では，6つの用途地域で立地可能であった。しかし，改正により，延べ床面積〔エ〕㎡超の大規模集客施設が立地できる用途地域を「商業地域」「近隣商業地域」「準工業地域」の3つに限定し，「工業」「準住居」「〔オ〕」の3つで原則として立地不可とした。ただし，3,000 〜 10,000㎡の大規模商業施設が立地できる用途地域については，従来通り，6つの用途地域において立地可能とした。

〈語　群〉
ア　1　中心市街地活性化協議会　　2　TMO
　　3　中心市街地整備推進機構　　4　中心市街地活性化機構
イ　1　国土交通大臣　　2　財務大臣
　　3　内閣総理大臣　　4　経済産業大臣
ウ　1　1,000　　2　2,000　　3　3,000　　4　5,000
エ　1　5,000　　2　8,000　　3　10,000　　4　15,000
オ　1　第一種住居　　　　　　2　第二種住居
　　3　第一種中高層住居専用　　4　第二種中高層住居専用

POINT!! 〉解説

ア：中心市街地活性化協議会(試験に出た!)は，2006年に改正された中心市街地活性化法において，中心市街地ごとに設置するとされた。同協議会は民間によるまちづくりの司令塔として，まちづくり全体にかかわる活動を総合的に実施することを可能とするタウン・マネジメント体制を新たに構築するものである。

これに対して，旧中心市街地活性化法では，認定推進事業者としてTMO（Town Management Organization）が設置されたが，TMOの場合，「まちづくり全体にかかわる活動」というよりはむしろ「商業活性化のための取り組みを推進してきた」といえる。

なお，中心市街地整備推進機構は，商工会議所・商工会，まちづくり会社などとともに中心市街地活性化協議会を組織するもので，「公益施設などの整備や土地の先行取得，公共空地などの設置・管理などを行う公益社団法人または公益財団法人，非営利法人」である。

イ：改正中心市街地活性化法では，内閣に内閣総理大臣(試験に出た!)を本部長とする中心市街地活性化本部を設置した。

ウとエ：ウには「3,000」，エには「10,000」(試験に出た!)がそれぞれ入る。これは丸覚えしよう。

オ：次表「都市計画法改正による立地規制の強化」(試験に出た!)を見ていただきたい。

改正後「大規模集客施設」が立地できる用途地域は，「大規模商業施設」が立地できる「第二種住居」「準住居」「近隣商業」「商業」「準工業」「工業」のうち，「近隣商業」「商業」「準工業」の3つである。つまり，「第二種住居」「準住居」「工業」の3つの用途地域は「大規模集客施設」の立地ができない。

| 正 解 | □ ア 1 | □ イ 3 | □ ウ 3 | □ エ 3 | □ オ 2 |

表　都市計画法改正による立地規制の強化

用途地域	改正前	改正後	
	大規模商業施設	大規模商業施設	大規模集客施設
	3,000㎡超	3,000〜10,000㎡	10,000㎡超
第一種低層住居専用	×	×	×
第二種低層住居専用	×	×	×
田園住居	×	×	×
第一種中高層住居専用	×	×	×
第二種中高層住居専用	×	×	×
第一種住居	×	×	×
第二種住居	○	○	×
準住居	○	○	×
近隣商業	○	○	○
商業	○	○	○
準工業	○	○	△
工業	○	○	×
工業専用	×	×	×
市街化調整区域	△	×	×
非線引き白地地域	○	○	×

出所:『販売士ハンドブック(発展編)』

(注1)上表において,「準工業」の「大規模集客施設」の欄が「△」となっている理由
は次の通りである。

　ハンドブックでは,「なお,3大都市圏と政令指定都市を除く地方都市では,「準
工業地域」における大規模集客施設の立地を抑制することが,中心市街地活性化基
本計画の認定を受けるための条件となった」(試験に出た!)と記述している。

(注2)「非線引き白地地域」について,ハンドブックでは次のように記述している。

　「都市計画法第7条に定める「市街化区域」(すでに市街地を形成している区域・
おおむね10年以内に優先的かつ計画的に市街化をはかるべき区域)と「市街化調
整区域」(市街化を抑制すべき区域)に区分されていない(線引きされていない)都市
計画区域のこと。一般的には,市街化圧力が弱い地域であるため,土地利用や開
発許可に関する規制が市街化区域よりも緩やかである。」

(注3)「用途地域」について,ハンドブックでは次のように記述している。

　「地域における住居の環境の保護または業務の利便の増進をはかるために,市街
地の類型に応じて建築を規制するべく指定する地域。2018(平成30)年4月1日,
改正都市計画法の施行に伴い,新たに「田園住居地域」が追加された。

実力養成問題　流通政策の変遷（4）

□ 次のア～オは，改正都市計画法（2007年11月全面施行）に関する記述である。正しいものには1を，誤っているものには2を記入しなさい。

ア　都市計画法改正の焦点は，大規模集客施設の立地地域を制限することにあった。同法に定める大規模集客施設は小売店舗以外に，飲食店，劇場，映画館なども含まれる。

イ　非線引き白地地域や準都市計画区域内で用途地域が定められていない地域は，従来規制が緩かったが，延べ床面積10,000㎡超の大規模集客施設の立地は原則不可とされた。

ウ　市街化調整区域については，従来，計画的大規模開発(20ヘクタール以上)の場合，特例として大規模商業施設の立地が許可されていたが，この特例が廃止され，原則禁止となった。

エ　都市計画区域外で無秩序な土地利用の防止を企図する区域として設けられている準都市計画区域について，指定権者が都道府県から市町村に変更された。

オ　都市計画法の改正により，都市計画提案制度が拡充され，まちづくりの推進に関し経験と知識を有するものとして開発事業者も都市計画の提案ができることになった。

ア：改正都市計画法(試験に出た!)に定める大規模集客施設には, 小売店舗以外に, 飲食店, 劇場, 映画館, 演芸場, 観覧場, 遊技場などが含まれる(試験に出た!)。なお, 大規模集客施設は, 延べ床面積が 10,000 ㎡ を超える施設をいう(試験に出た!)。

イ：準都市計画区域について, ハンドブックでは,「積極的な整備や開発を行うべき区域ではないものの, そのまま土地利用秩序や環境保全の措置を講じることなく放置すれば, 将来的な都市整備, 開発・保全に支障が生じるおそれがある一定の区域について, 都道府県が土地利用秩序や環境保全を行うために指定する区域」と記述している。

　　よって, 準都市計画区域は開発的なことを行う都市計画制度を活用することはできないが, 都市としての環境を保全するため, 都市計画区域に準じた土地利用のルールが発生する。

　　なお, 都市計画を定める地域を「都市計画区域」, として, それ以外の地域を「都市計画区域外」という。「準都市計画区域」は「都市計画区域外」において, 将来, 都市整備, 開発・保全に支障が生じると認められる区域を,「準都市計画区域」として指定したものである。

ウ：また, これまで都道府県の開発許可が必要なかった病院・福祉施設・学校などの公共公益施設の建築を目的とする開発についても, 開発許可の対象となった。つまり, 都市計画法の改正により,「開発許可制度の見直し」が行われた。

　　なお, 都市計画地域は, 市街地区域, 市街化調整区域, 非線引区域に分けられる。このうち, 市街化調整区域(試験に出た!)とは, 市街化を抑制する地域であるため, 人が住むための住宅や商業施設などの建設は原則認められていない。

エ：改正都市計画法においては, 都道府県が広域的な視点から望ましい立地を調整できるような仕組みが整備された。そのうちの１つとして, 準都市計画区域については, 広域的観点から指定できるよう, 指定権者が市町村から都道府県に変更された。

オ：都市計画提案制度とは, 土地所有者やまちづくり NPO などが都市計画を提案できる制度のことである。同制度の導入により, これまで行政が立案していた都市計画について, 地域住民も立案が可能となった。そして, 2006 年の都市計画法の改正により, 都市計画提案制度が拡充された。

正解 □ア 1　□イ 1　□ウ 1　□エ 2　□オ 1

実力養成問題　流通政策の変遷（5）

□ 次のア〜オは，地域商店街活性化法と改正中心市街地活性化法，改正都市再生特別措置法に関して述べたものである。正しいものには1を，誤っているものには2を記入しなさい。

ア　地域商店街活性化法の目的は，商店街が「地域コミュニティの担い手」として行う地域住民の生活の利便性を高める取組みを支援することにより，地域と一体となったコミュニティづくりを促進し，商店街の活性化と商店街を担う人材対策の強化を推進することにある。

イ　商店街が実施しようとする商店街活性化事業計画が，地域住民のニーズに応じて行う事業であり，商店街活性化の効果が見込まれ，他の商店街の参考となりうるものについては，地域商店街活性化法に基づき経済産業大臣の認可を受けることができる。

ウ　国が地域商店街活性化法を制定し，新たな商店街施策を講じた際，国と歩調を合わせた新たな商店街支援を具体的に実践する組織として，中小企業関係4団体は国などの補助金・助成金を得て，財団法人全国商店街支援センターを設立した。

エ　2014年7月に施行された改正中心市街地活性化法において，中心市街地への来訪者，中心市街地の就業者，小売業の売上高を相当程度増加させることを目的として行う事業を認定し，重点支援することで民間投資を喚起する新たな制度が創設された。

オ　改正都市再生特別措置法が2014年8月に施行されたことで，急激な人口減少と少子高齢化に対応したコンパクトシティを実現するための都市機能開発計画を市町村が必要に応じて策定できることになった。

ア：地域商店街活性化法（2009年8月施行）は，「商店街は地域コミュニティの担い手」という考え方にスポットを当てたものである。別言すれば，ミクロレベルの地域の商店街を対象とした，新たな支援制度を設けたものである。また，地域商店街活性化法が制定・施行された背景には，「まちづくり三法」の見直し後も，地域経済・商業の低迷，衰退が続いていたことがある。

　　よって，同法では商店街が地域住民のニーズをふまえて実施する，商店街活動（高齢者・子育て支援，宅配サービス，地域イベントなど），空き店舗活用事業などに対して，関係省庁および自治体が連携した各種支援を行うことが盛り込まれている。

イ：商店街振興組合などが商店街活性化事業計画を，また，支援機関が商店街活性化支援事業計画を作成し，経済産業大臣が都道府県および市町村に意見を聴いたうえで認定する。計画実施期間は，3年程度が目安とされている。

　　なお，「商店街活性化事業」とは，地域住民の需要に応じた商店街活性化のための事業であるので，「地域住民の商店街に対するニーズを十分に踏まえた事業であること」「商店街への来訪者の増加，空き店舗数の減少など，商店街活性化の効果が具体的な数字として見込まれること」などが認定の要件となる。

ウ：中小企業関係4団体（日本商工会議所，全国商工会連合会，全国中小企業団体中央会，全国商店街振興組合連合会）が設立したのは，「株式会社全国商店街支援センター」である。「財団法人」ではなく，「株式会社」というところがポイント。同センターは，人材研修，起業支援，支援人材派遣などに取り組んでいる。

エ：2014年7月に施行された改正中心市街地活性化法には，「民間投資を喚起する制度の創設」のほかに，「道路の占用の特例等の創設」「中心市街地活性化基本計画の認定要件の緩和」などが盛り込まれた。

オ：「都市機能開発計画」は誤りで，「立地適正化計画」が正しい。立地適正化計画は，都市拠点へ，居住機能や医療・商業，公共交通等のさまざまな都市機能を誘導することにより，コンパクトシティを実現するための，アクションプランである。

正 解　□ ア 1　□ イ 1　□ ウ 2　□ エ 1　□ オ 2

表　大型店規制とまちづくり関連制度の経緯

年　月	法規制の動き	概　要
1956年6月	第二次百貨店法が施行	売場面積1,500㎡（政令指定都市は3,000㎡）以上の百貨店業を規制
74年3月	大規模小売店舗法（大店法）の施行	1,500㎡（政令指定都市は3,000㎡）以上の大規模小売店舗を規制
79年5月	大店法改正	新たに500㎡を超える店舗を第二種大規模小売店舗とし，商業調整の対象とした
92年1月	改正大店法施行	第一種と第二種の境界面積を2倍にし，出店調整期間を1年以内に短縮
94年5月	改正大店法の規制暖和	1,000㎡未満の案件の原則自由化，閉店時刻の延長，休日日数の削減
98年7月	中心市街地活性化法が施行	
2000年6月	大規模小売店舗立地法（大店立地法）施行	大店法廃止，経済的規制から周辺環境などに配慮した環境規制へ。1,000㎡超の大型小売店が対象で，審査権限は都道府県と政令指定都市に
02年3月	都市再生特別措置法が成立（6月施行）	
06年5月	改正中心市街地活性化法，改正都市計画法が成立	
8月	改正中心市街地活性化法が施行	内閣に「中心市街地活性化本部」を設置
07年11月	改正都市計画法が全面施行	延べ床面積10,000㎡超の大規模集客施設の郊外立地を規制
09年8月	地域商店街活性化法が施行	商店街が「地域コミュニティの担い手」として実施する事業を支援
14年1月	復興庁が東日本大震災で市町村の商業施設整備の指針策定	津波で被災した岩手，宮城，福島3県の約40市町村を対象に，中心市街地における商業施設の整備に対して補助金
5月	中心市街地活性化法が改正（7月施行）	民間投資の喚起を軸とした中心市街地の活性化事業を支援
6月	都市再生特別措置法（8月施行）	「都市機能増進施設」を都市中心部に誘導
17年4月	都市計画法が改正（18年4月施行）	新たに「田園住居地域」を用途地域に追加
20年6月	都市再生特別措置法が改正（9月施行）	まちなかにおける交流・滞在空間の創出に向けた官民の取組みをまちづくり計画に位置づけ

出典：『日経MJ』（2007年1月）に加筆・修正して作成
出所：『販売士ハンドブック（発展編）』より抜粋

次の各問の〔　　〕の部分にあてはまる最も適当な語句・短文を記入しなさい。

① 百貨店法による出店規制は，企業ごとに出店面積を許可する企業主義を採用していた。しかし，百貨店法に代えて制定された大規模小売店舗法（大店法）では〔　　〕が採用された。

② 1990 年代における大店法（大規模小売店舗法）の規制緩和の流れの中で，中心市街地および商店街の活性化は商業問題としてだけでなく，〔　　〕として取り組むことが求められたことで，1998 年 5 月，中心市街地活性化法，大規模小売店舗立地法，改正都市計画法からなる「まちづくり三法」が制定された。

③ 大店法（大規模小売店舗法）では，大型店の出店を規制するため，〔　　〕協議会において出店面積の調整が行われたが，同協議会の構成メンバーが地元の中小小売業や消費者代表などであったことから，大型店の出店に対して地元の中小小売業から必ず"反対"との意見が出され，大店法は運用面で様々な問題が生じることになった。

④ 2000 年 6 月施行の大店立地法（大規模小売店舗立地法）は大型店の出店や増設を行う業者に対し，〔　　〕という観点から，駐車場の整備や，騒音・廃棄物の抑制など，周辺の環境への配慮を求めるものである。なお，周辺の環境への配慮を行えば，大型店の出店は原則自由となっている。

⑤ 中心市街地や商店街，さらにはそこに立地する大型店の衰退は「市場の論理」の帰結といえるが，同時に，それは都市に対してさまざまな〔　　〕が発生する可能性があるといえる。

⑥ 都市計画を定める区域を「都市計画区域」，そして，それ以外の区域を「都市計画区域外」という。また，「都市計画区域外」のうち，そのまま自由に開発などが行われると，将来，都市整備，開発などに支障が生じるおそれがある一定の区域を「〔　　〕」として，都道府県が指定する。

⑦ まちづくり三法の施行後も中心市街地や商店街が衰退し，市街地の機能が郊外へ拡散する動きは止まらなかった。そのため，中心市街地の賑わいを回復させるため，市街地のスケールを小さくし，歩いていける範囲を生活圏としてとらえ，その範囲の中に都市機能が完備された，いわゆる〔　　〕という考え方が提唱されるようになった。

⑧ 改正中心市街地活性化法が2006年の通常国会で成立し，同年8月に施行された。改正前においては，商業活性化の取組みの企画・調整のために〔　　〕が組織されていたが，商業活性化にとどまらず，まちづくり全体の総合的な企画・調整が求められることになったため，改正により，中心市街地ごとに，中心市街地活性化協議会が組織されることになった。

⑨ 建築基準法が改正されたことにより，延べ床面積10,000㎡超の大規模集客施設が立地できる用途地域は〔　　〕の3つに限定された。

⑩ 〔　　〕や準都市計画区域内で用途地域が定められていない地域は，従来，立地規制が緩かったが，建築基準法の改正により延べ床面積 10,000㎡超の大規模集客施設の立地は原則不可となった。

　　　　　　　　　　　　　　　　┌─────────────────┐
　　　　　　　　　　　　　　　　│　　　　　　　　　　　　　　　　│
　　　　　　　　　　　　　　　　└─────────────────┘

⑪ 建築基準法が改正されたことで，工業地域，準住居地域，第二種住居地域では，延べ床面積 10,000㎡超の大規模集客施設の立地ができなくなった。そのため，これらの3地域において大規模集客施設を立地するためには，これらの地域を地区計画の1つである〔　　〕に指定することにより，それが可能になる。

　　　　　　　　　　　　　　　　┌─────────────────┐
　　　　　　　　　　　　　　　　│　　　　　　　　　　　　　　　　│
　　　　　　　　　　　　　　　　└─────────────────┘

⑫ 都市計画法が 2017 年に改正されたことで，新たに 13 番目の用途地域として〔　　〕が設定された。これは，農業の利便の増進をはかりつつ，これと調和した低層住宅に係る良好な住居の環境を保護するために定められた地域である。

　　　　　　　　　　　　　　　　┌─────────────────┐
　　　　　　　　　　　　　　　　│　　　　　　　　　　　　　　　　│
　　　　　　　　　　　　　　　　└─────────────────┘

⑬ 建築基準法の改正により立地規制が強化されたが，その1つとして，3大都市圏と政令指定都市を除く地方都市では，〔　　〕における大規模集客施設の立地を抑制することが，中心市街地活性化基本計画の認定を受けるための条件となった。

　　　　　　　　　　　　　　　　┌─────────────────┐
　　　　　　　　　　　　　　　　│　　　　　　　　　　　　　　　　│
　　　　　　　　　　　　　　　　└─────────────────┘

⑭ 中心市街地活性法が 2006 年に改正された。改正前においては，経済産業大臣が支援する TMO 計画を認定していたが，改正により，関連省庁の連携・調整を図り，施策の総合的な推進体制を整えるため，中心市街地活性化本部が設置され，その本部長に就任した〔　　〕が基本計画を認定することになった。

　　　　　　　　　　　　　　　　┌─────────────────┐
　　　　　　　　　　　　　　　　│　　　　　　　　　　　　　　　　│
　　　　　　　　　　　　　　　　└─────────────────┘

正解&解説

①店舗主義

  解説 大店法(大規模小売店舗法)の特徴の1つは,「企業主義」ではなく,「店舗主義」を採用したことである。これは出店する店舗に着目し,その面積を調整するものである。

②都市問題

  解説 P22の「流通政策の変遷(1)」のオで同様の内容の問題文を掲載してあるので,容易にわかったものと思われる。商業問題と都市問題をセットで考える必要に迫られたということはきわめて重要である。

③商業活動調整

  解説 これについては,P22の「流通政策の変遷(1)」のウで記述されている。「記述式」の対策として,「商業活動調整協議会」の用語を正確に覚えておく必要がある。

④周辺の生活環境の保全

  解説 大店立地法(大規模小売店舗立地法)は,大型店の出店を「周辺の生活環境の保全」という観点から調整する法律である。よって,大店立地法の特徴として,「大型店の出店を行う事業者に対し,周辺の生活環境への配慮を求めるものであること」「周辺の生活環境への配慮を行えば,大型店の出店は原則自由となっていること」の2点を挙げることができる。

⑤外部不経済

  解説 ハンドブックは,外部不経済について「売買取引など市場内部の取引が市場外部に及ぼす不利な効果や損失のことを外部不経済という。たとえば,中心市街地の大型店が衰退することで,さまざまな行政コストが増大したり,空き家が増加したりといった現象を指す」と述べている。

⑥準都市計画区域

  解説 ハンドブックは,準都市計画区域について「積極的な整備や開発を行うべき区域ではないものの,そのまま土地利用整序や環境保全の措置を講じることなく放置すれば,将来的な都市整備,開発・保全に支障が生じるおそれがある一定の区域について,都道府県が土地利用整序や環境保全を行うために指定する区域」と述べている。

    また,ハンドブックは,都市計画区域について「市街地を中心とし

て，一つのまとまった都市として総合的に整備，開発または保全する必要のある区域のこと。都市計画法にもとづいて都道府県が指定する」と述べている。

⑦コンパクトシティ

解説 コンパクトシティは 2006 年に成立した改正中心市街地活性化法で提唱されたもので，市街地の郊外への拡散を抑制し，まちの機能を中心市街地に集中させるというもの。

　　ハンドブックは，コンパクトシティ（Compact City）について「都市のさまざまな機能を都市の中心部に集積させるまちづくりの考え方である。都市の拡大や人口の増加を前提としてきた従来の都市政策を見直す構想。持続可能なまちづくりに有効な戦略の1つとされる」と述べている。

⑧ TMO（Town Management Organization）

解説 改正前においては，市町村の方針に沿って TMO が中小小売商業高度化事業構想（TMO 構想）を策定していた。しかし，TMO の役割が商業の活性化に偏り，多様な視点からのまちづくりが行われなかったことから，改正により，TMO を発展的に改組し，商工会議所・商工会，中心市街地整備推進機構，まちづくり会社などが参加する中心市街地活性化協議会が設立された。

⑨商業地域，近隣商業地域，準工業地域

解説 従来は，3,000㎡超の大規模商業施設の立地が可能な用途地域は，第二種住居，準住居，近隣商業，商業，準工業，工業の6地域であった。これが改正により，立地可能な大規模商業施設は「3,000㎡」から「3,000 ～ 10,000㎡」に変更された。よって，大規模商業施設の立地可能な用途地域は従来通り，6つの用途地域である。

⑩非線引き白地地域

解説

　　つまり，非線引き区域とは，区域区分（市街化区域か，あるいは市街化調整区域か）が定められていない都市計画区域のことをいう。また，「非線引き白地地域」とは，非線引き区域のなかで，用途地域が

定められていない地域のことをいう。

⑪開発整備促進区

解説 工業地域，準住居地域，第二種住居地域において，大規模集客施設(店舗，アミューズメント施設などで床面積が 10,000㎡超のもの)を立地する場合には，都市計画で定める地区計画の１つである開発整備促進区に指定する必要がある。

「地域地区」(用途地域を含む)により，都市計画区域内の土地をどのような用途に利用するべきか，どの程度利用すべきかを定めることで，21 種類に分類される。しかし，それをさらに小さな範囲で，その地域の特性に応じた分類が必要なときには「地区計画」が定められる。

⑫田園住居地域

解説 田園住居地域に指定されると，建築物の用途規制は低層住居専用地域(第一種，第二種)と同様の制限になる。また，農業用施設の建築も可能である。一方，建築できない建物は，高層住宅や商業地域や工業地域に建てられるような大きな建物の建築は不可となる。

⑬準工業地域

解説 これについては P28 の(注 1)で説明したように，３大都市圏と政令指定都市を除く地方都市では，「準工業地域」における大規模集客施設の立地を抑制することが，中心市街地活性化基本計画の認定を受けるための条件となっている。

⑭内閣総理大臣

解説 改正前は，経済産業大臣が TMO 計画を認定した。しかし，改正により，中心市街地活性化本部の本部長に就任した内閣総理大臣が基本計画を認定することになった。

第1章

第2章

第3章

第4章

第5章

模擬テスト

☆都市計画の５つのステップ

・第１ステップ〔都市計画〕

都市計画区域の設定　都市計画区域外
- 準都市計画区域
- 上記以外

・第２ステップ〔区域区分〕

都市計画区域
- 市街化区域
- 市街化調整区域
- 非線引き区域

・第３ステップ〔用途地域(地域地区の１つ)〕

用途地域は，第一種低層住居専用
第二種低層住居専用
田園住居
第一種中高層住居専用
第二種中高層住居専用
など13種類に分けられる。

・第４ステップ〔地域地区〕

地域地区は，用途地域
特別用途地区
特例容積率適用地区
特定用途制限地域
高層住居誘導地区
など21種類に分けられる。

・第５ステップ〔地区計画等〕

地区計画等は，地区計画
防災街区整備地区計画
沿道地区計画
集落地区計画
歴史的風致維持向上地区計画
の５つに分けられる。

実力養成 問題　循環型社会と流通（1）

□ 次の文中の〔　　〕の部分に，下記の語群のうち最も適当なものを選びなさい。

　循環型社会基本法は，〔ア〕の下に位置する廃棄物・リサイクル関連の基本法である。法の対象となるものは有価物・無価物を問わず〔イ〕とし，そのうち有用なものを〔ウ〕として位置づけ，その利用の促進をはかるものである。

　日本の廃棄物問題が深刻化する今日，リサイクルの重要性はますます高まっている。事業者は商品の企画・開発段階にとどまらず，環境への負荷を低減するよう努めなければならなくなった。そのため，事業者および国民に対しては〔エ〕を，商品をつくっているメーカーに対しては〔オ〕を負うものとしている。

〈語　群〉

ア	1	公害対策基本法	2	自然環境保全法
	3	環境基本法	4	環境影響評価法
イ	1	廃棄物等	2	リデュース
	3	リユース	4	マテリアルリサイクル
ウ	1	原材料	2	天然資源
	3	再生資源	4	循環資源
エ	1	排出者責任	2	消費者責任
	3	流出者責任	4	放出者責任
オ	1	最終生産者責任	2	拡大生産者責任
	3	最終製造者責任	4	拡大製造者責任

POINT!! ▶ 解説

　循環型社会基本法（循環型社会形成推進基本法）（試験に出た！）とは，循環型社会を形成するうえでの国の基本方針となるもので，2000年に制定され，翌2001年に完全施行された。その主な内容は次の2点である。

(1)廃棄物の最終処分量を削減するため，同法では次のような優先順位が定められた。

　　①廃棄物の発生抑制（リデュース）（試験に出た！）
　　　↓

②使用済み商品などの適正な再使用(リユース)

↓

③回収された廃棄物を原材料として適正に利用する再生利用

　(マテリアルリサイクル)

↓

④資源として利用できない廃棄物は燃やしてその熱を利用する熱回収

　(サーマルリサイクル)

↓

⑤利用できない廃棄物は適正に処分する

(2)拡大生産者責任を一般原則として盛り込んだ。拡大生産者責任とは，商
　品をつくったメーカーは製品が使用済みになった後まで責任を負うとい
　うものである。

　なお，下図に示されてあるように，循環型社会基本法にしたがって，容器
包装リサイクル法，家電リサイクル法，建設資材リサイクル法などの個別法
が制定されている。

図　循環型社会の構築のための法体系

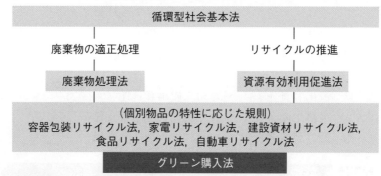

出所:『販売士ハンドブック(発展編)』

★環境基本法

　1993年11月に公布・施行された国の環境政策の基本的方向を定めた法律。
地球環境問題までを視野に収め，経済活動による環境への負荷を少なくし，
環境保全型社会を構築することを基本理念としている。

正解　□ア3　□イ1　□ウ4　□エ1　□オ2

実力養成問題　循環型社会と流通（2）

□ 次のア〜オは，循環型社会基本法の関連法に関する記述である。
正しいものには1を，誤っているものには2を記入しなさい。

ア　家電リサイクル法の対象家電は，現在，エアコン，テレビ（ブラウン管，液晶・プラズマ），冷蔵庫・冷凍庫，洗濯機・衣類乾燥機の4品目で，消費者にはこれらの家電を廃棄する際，リサイクル料金などを支払うことを義務づけている。

イ　容器包装リサイクル法の特徴は，消費者は容器包装廃棄物を分別して排出し，市町村はそれを分別収集し，事業者はそれを再商品化するというものである。

ウ　食品リサイクル法の対象となる食品廃棄物は，食品の売れ残りや食べ残し，製造・加工・調理の過程において生じたクズのほか，家庭から排出される生ゴミも含まれる。

エ　グリーン購入法は，国などの公共機関が率先して環境に配慮したものを購入しなければならないとし，自動車や家電，文具などについてグリーン商品の調達を義務づけている。

オ　自動車リサイクル法では，自動車メーカーおよび輸入業者は自ら製造または輸入した車が廃車された場合，その自動車から発生するシュレッダーダスト，エアバッグ類，フロン類を引き取り，リサイクルを行うとしている。

POINT!!　解説

　先に述べたように，循環型社会基本法の施行により，容器包装リサイクル法，家電リサイクル法，食品リサイクル法など，個別のリサイクル法が次々に制定，改正された。これらの関連法は試験によく出題されている。

ア：家電リサイクル法（特定家庭用機器再商品化法）の対象品目（試験に出た！）は従来，エアコン，ブラウン管テレビ，冷蔵庫・冷凍庫，洗濯機の4品目であったが，2007年8月に液晶・プラズマの薄型テレビと衣類乾燥機が追加された。

　なお，同法の主な内容は，不要になったテレビなどの家電製品の引き取

りを求められたとき，販売店はそれを引き取る義務があり，メーカーはそれをもとに再利用しなければならないというもの。ただし，家電製品の引き取りの際，販売店は消費者に費用を請求できる。

イ：容器包装リサイクル法（容器包装に係る分別収集及び再商品化の促進等に関する法律）(試験に出た!)で分別収集の対象となるのは，①ガラス製容器，② PET ボトル，③紙製容器包装，④プラスチック製容器包装，⑤アルミ缶，⑥スチール缶，⑦段ボール，⑧紙パックである。なお，⑤～⑧はすでに市場で有価で取引されているため，再商品化義務の対象となっていない。

再商品化とは，市町村(試験に出た!)により分別収集されたガラスびんなどを原材料や製品として他者に売れる状態にすることで，容器包装リサイクル法では再商品化を行うのは事業者(試験に出た!)となっている。なお，容器包装廃棄物は家庭から出るゴミの約6割（容積比）を占める。

ウ：食品リサイクル法（食品循環資源の再生利用等の促進に関する法律）では，家庭から排出される生ゴミは対象外となっている。同法は 2001 年 5 月に施行されており，食品関連事業者などから排出される食品廃棄物の発生抑制と減量化により最終処分量を減少させるとともに，肥料や飼料などとしてリサイクルをはかることを目的としている。

また，食品リサイクル法では，年間の食品廃棄物などの発生が 100 トン以上(試験に出た!)の事業者に対し，「判断基準」にしたがい再生利用などを促進することを義務づけている。

エ：正式名称は「国等による環境物品等の調達の推進等に関する法律」。グリーン購入について，ハンドブックは「商品やサービスを購入する際に，環境を考慮に入れて，必要性をよく考え，環境への負荷ができるだけ少ないものを選んで購入すること」と記述している。

オ：正式名称は「使用済自動車の再資源化等に関する法律」。同法の対象となる自動車は基本的にすべての自動車となっているが，被けん引車，二輪車，大型特殊自動車，小型特殊自動車，その他農業機械，林業機械，スノーモービルなどは対象外である。

同法では，自動車メーカーおよび輸入業者に対しては，車が廃車された際には，自動車から発生するシュレッダーダスト，エアバッグ類，フロン類を引き取り，リサイクルなどを行うことを規定している。また，自動車の所有者に対しては，自動車の長期使用などに加え，「使用済み自動車の排出者」としての役割（排出者責任）を求めている。

正解　☐ ア 1　☐ イ 1　☐ ウ 2　☐ エ 1　☐ オ 1

記述式穴埋問題（2）　キーワードは**これだ！**

> 次の各問の〔　　　〕の部分にあてはまる最も適当な語句・短文を記入しなさい。

① 従来はリサイクルや廃棄物処理の責任は自治体や排出者にあるとされていたが，循環型社会基本法において打ち出された〔　　〕は，その責任を生産者まで拡大することで，廃棄物の発生を抑制しようというものである。

② 空き瓶などのリユース商品は，それを提供する一般消費者が起点となって，消費者→小売業→卸売業→メーカーの順に流れ，メーカーがそれを再び使用・消費するという消費者の役割を果たしている。このように，消費者が起点となり，メーカーが終点となる商品の流通経路のことを〔　　〕という。

③ 容器包装リサイクル法において，分別収集の対象となるのは，ガラス製容器，PETボトル，紙製容器包装，〔　　〕，アルミ缶，スチール缶，段ボール，紙パックである。

④ 空き瓶や空き缶などを再利用するため，飲料水などの販売価格に容器代を上乗せして販売し，消費者がその容器を返却したときに，容器代を返却するシステムのことを〔　　〕という。

⑤ 〔　　〕とは，廃棄物の発生抑制，循環資源の循環的な利用，適正な処分の確保によって，天然資源の消費を抑制し，環境負荷ができる限り低減される社会のことである。

⑥　家電リサイクル法では，小売業者による家電4品目の引取り，製造業者等（製造業者，輸入業者）によるリサイクルの義務づけ，消費者には家電4品目を破棄する際，収集運搬料金と〔　　　〕の支払い，を規定している。

⑦　2001年4月に施行された改正〔　　　〕は，循環型社会基本法にもとづくもので，循環型社会を形成していくために必要な3R（リデュース・リユース・リサイクル）の取組みを総合的に推進していくための法律である。

⑧　〔　　　〕は日本の廃棄物行政の基本法ともいうべきもので，2010年5月には廃棄物の減量化の促進や悪質な不法投棄などの不正処分防止などを柱とした改正がなされた。

⑨　〔　　　〕とは，商品やサービスを購入する際に，環境を考慮に入れて，必要性をよく考え，環境への負荷ができるだけ少ないものを選んで購入することをいう。

⑩　建築リサイクル法は，〔　　　〕（コンクリート，コンクリートおよび鉄から成る建設資材，木材，アスファルト・コンクリートの4品目）を用いた建築物などにかかわる解体工事または対象建設工事について，その受注者などに対し，分別解体および再資源化を行うことを義務づけている。

⑪　自動車リサイクル法では，自動車のリサイクルについて，自動車の所有者，関連事業者，自動車メーカーおよび〔　　　〕に役割を明確に規定している。

正解＆解説

①拡大生産者責任

解説 拡大生産者責任とは，製品が使用済みになった後の処理まで生産者の責任を拡大することをいう。

②逆流通チャネル

解説 流通チャネルとは，商品が生産者から消費者の手に渡るまでの経路をいう。これに対して，逆流通チャネルは消費者が起点となり，メーカーが終点となる。

③プラスチック製容器包装

解説 P44で記述したように，容器包装リサイクル法は，容器包装に係る"分別収集"及び"再商品化"の促進等に関する法律である。消費者は分別排出，市町村は分別収集，事業者は再商品化を行うことになっているが，「アルミ缶」「スチール缶」「段ボール」「紙パック」についてはすでに市場において有価で取引されているため，再商品化義務の対象とはなっていない。

④デポジット制度

解説 デポジット制度とは，料金上乗せ払戻し制度のこと。デポジット制度は，瓶や缶を使った飲料業界などで導入されている。

⑤循環型社会

解説 ハンドブックはこれに関して，「循環型社会を形成するためには，一般の商品とリサイクル商品が有機的に連動して循環的に流れる流通チャネル（循環的流通チャネル）の構築が不可欠である」と述べている。

⑥リサイクル料金

解説 リサイクル料金はメーカー毎に異なり，収集運搬料金は小売業者毎に異なる。また，ハンドブックはこれに関連して「消費者から特定家庭用機器廃棄物が小売業者からリサイクル義務者である製造業者などに適切に引き渡されることを確保するために，管理票（マニフェスト）制度が設けられており，一般財団法人家電製品協会家電リサイクル券センターが家電リサイクル券システムの運営を行っている」と述べている。

家電リサイクル券システムには，「料金販売店回収方式」と「料金郵便局振込方式」の2方式がある。家電リサイクル券をイメージできない人

は粗大ゴミ回収を依頼するときに購入する粗大ゴミシールや処理券を思い出してもらいたい。つまり，家電リサイクル券の購入によりリサイクル料を支払うとともに，券に記載された番号を照会することで，自分の出した廃棄物が適切にリサイクルされたかを確認できるようになっている。

⑦資源有効利用促進法

解説 改正資源有効利用促進法は循環型社会基本法にもとづいていることから，旧法に比べ「リサイクル」よりも「リデュース」「リユース」を優先する考えを明確に打ち出している。また，改正資源有効利用促進法の施行により，容器包装リサイクル法の対象品目に紙製容器包装，プラスチック製容器包装が追加された。

⑧廃棄物処理法

解説 2010年5月の改正では，産業廃棄物の処理に関する責任者を明確にするとともに，廃棄物の適正処理の確保，廃棄物の適正な循環利用の視点から，制度の見直しがなされた。

⑨グリーン購入

解説 グリーン購入は，供給側の企業に環境負荷の少ない商品の開発を促すことにつながる。

⑩特定建設資材

解説 建設リサイクル法は，年々増加する建設廃棄物の再資源化を行い，再び利用するため，2000年5月に制定され，2002年5月に完全施行された。適正な解体工事を実施するため，解体工事業者の都道府県知事への登録が義務づけられている。

⑪輸入業者

解説 自動車所有者には，自動車の長期使用や購入時の環境配慮設計自動車の選択に加え，「使用済み自動車の排出者」としての役割が求められているため，リサイクル料金は自動車の所有者が負担することになっている。

第1章

第2章

第3章

第4章

第5章

模擬テスト

実力養成問題　グローバル小売競争の展開

☐ 次のア〜オは，小売業の国際化に関する記述である。正しいもの
には1を，誤っているものには2を記入しなさい。

ア　欧米のトップ企業が欧州各国，中南米，アジア諸国，中国，そ
して日本へ進出したことで，小売市場のグローバリゼーションは
急速に進展した。

イ　小売業の国際化が進展した背景はプッシュ要因とプル要因に分
けられるが，前者に該当するものとして「人口の伸びの鈍化」「関
税・資本の自由化」「出店・営業規制の緩和」などが挙げられる。

ウ　小売業が海外進出で成功を収める要因としては，「政策・貿易・
通商レベルで，自由貿易，自由競争の基盤が浸透しつつあること」
などが挙げられる。

エ　欧米の高級ブランド品メーカーの日本進出のパターンは，直営
店舗を出店することでマスコミで話題を巻き起こし，その勢いに
乗じて百貨店へのインショップ形式での出店を行うというもので
ある。

オ　日本では，1990年前後を境にした出店規制の緩和，そしてバ
ブル経済崩壊による地価の下落などにより，1990年代には再び
外資参入ブームが巻き起こった。

POINT!! ▶ 解説

ア：経済発展の程度からいえば，欧州各国，日本と続くのが妥当であるが，
実際には上記のように「欧州各国，中南米，アジア諸国，中国，そして日本」
という順で，世界の小売業トップ企業は進出していった。そして，この結果，
小売市場のグローバリゼーションが急速に進展した。

　なお，小売業の世界最大手のウォルマート(米国)，カルフール(フラン
ス)，テスコ(イギリス)，メトロ(ドイツ)などの巨大外資がアジアの主要
国に参入したのは1990年代半ば以降である。

イ：ここでいうプッシュ要因とは国内要因のことであり，プル要因とは国外
要因のことである。

表1　アジアにおける小売業の国際化の要因

	プッシュ（国内）要因	プル（国外）要因
市場環境	・人口の伸びが鈍化 ・経済成長の鈍化・停滞 ・小売市場の成熟化 ・競争の激化	・人口の増加 ・経済成長の拡大・持続 ・小売市場の成長力 ・競争の未発達 ・経営規模の経済性 ・インフラ整備の進展
法的規制	・出店規制の強化 ・高い税率	・関税・資本の自由化 ・出店・営業規制の緩和 ・外国人就業者の規制緩和 ・優遇税制
経営戦略	・国際化の重要性の認識 ・他社の追随 ・余剰資金の活用	・地理的多角化による経営リスクの分散 ・魅力的な不動産投資の機会（地価の下落）
その他	・株主からの持続的成長への圧力	・投資に有利な為替レート

出典：『アジア発グローバル小売競争』（日本経済新聞社）
出所：『販売士ハンドブック（発展編）』

　表1の「プッシュ要因」は，ウォルマートなどの巨大外資の国内要因のことである。つまり，巨大外資がアジアに進出した国内要因は，「市場環境」でいえば「人口の伸びが鈍化」し，かつ「経済成長の鈍化・停滞」という状況などに直面していたということである。「法的規制」でいえば「出店規制の強化」などが実施されていたということ。

　表1の「プル要因」は，ウォルマートなどの巨大外資がアジアに進出する際の国外要因のことである。つまり，アジアでは「市場環境」でいえば「人口の増加」「経済成長の拡大・持続」という状況下にあった。つまり，これらはすべて需要の増加をもたらすもので，ひいては小売業への需要増加をもたらすことになる。巨大外資からすればアジアに進出しても，投資に見合うだけの売上高および利益は得られると期待できるものであった。

　イの記述中にある「関税・資本の自由化」「出店・営業規制の緩和」は上表を見ればわかるように，プッシュ要因ではなく，プル要因である。「関税・資本の自由化」が行われていない国には外資は参入しないし，また，「出店・営業規制の緩和」が行われていない国では，巨大外資といえども，その競争力を十分に発揮できない。

ウ：ハンドブックでは，小売業が海外進出で成功を収めるときの背景として，

次の４つを挙げている。

①政策・貿易・通商レベルで，自由貿易と自由競争の基盤が浸透しつつあること。

→言い換えれば，同じ土俵で競争できる経営環境が整っているということ。

②国際会計基準の導入が進み，国境を越えた投資や資金移動，企業業績管理のインフラが整いつつあること。

→言い換えれば，獲得した利益の処理の仕方などが統一化されていること。

③インターネットの普及などにより，情報システム基盤の世界標準化が進展したこと。

④消費者レベルで，世界的に通用する趣味や嗜好が顕在化してきていること。

エ：欧米の高級ブランド品メーカーとて，自社製品が日本で売れるという保証はない。最初から直営店を出店すると失敗したときの損失が大きくなるので，慎重にならざるを得ない。

　　したがって，まずは百貨店や高級専門店で自社製品を売ってもらって様子をみる。欧米の高級ブランド品メーカーからいえば，輸出ということになる。百貨店などで順調に自社製品が売れると次は百貨店内に自社のショップを開設する。そして，最後は利益率が最も高い直営店の出店となる。

オ：バブル経済崩壊により地価や建設費が一気に下落したことで，損益分岐点売上高は 1980 年代末の半分以下となった。この結果，外資が日本市場に参入しやすくなった。

　　1990 年代の特徴としてはアメリカ企業が日本市場に多数参入したことで，中でもアメリカの玩具関連専門チェーンの「トイザらス」は順調に売上を伸ばし，小売外資として初めて 2000 年 5 月に店頭市場に上場を果たした。また，2000 年に大店法が廃止されると，ウォルマート，カルフール，テスコなどが続々と日本に進出してきた。

　　しかし，ウォルマートは 2018 年 7 月，カルフールは 2005 年，テスコは 2011 年 8 月に日本からの完全撤退を発表した。そうした中，コストコ（米国）は日本で成功を収めている。

正 解　□ ア 1　□ イ 2　□ ウ 1　□ エ 2　□ オ 1

第1章

第2章

第3章

第4章

第5章

模擬テスト

表2　上位10社のグローバルリテーラー（2020年度）

順位	企業名	本拠地	小売売上高 （100万米ドル）	小売売上高 成長率	総資産 利益率	小売売上高 CAGR
1	ウォルマート	米　国	559,151	6.7 %	5.4 %	3.0 %
2	Amazon	米　国	213,573	34.8 %	6.6 %	21.9 %
3	コストコ	米　国	166,761	9.2 %	7.3 %	7.5 %
4	シュヴァルツ	ドイツ	144,254	10.0 %	n／a	7.8 %
5	ホーム・デポ	米　国	132,110	19.9 %	18.2 %	8.3 %
6	クローガー	米　国	131,620	8.3 %	5.3 %	3.7 %
7	ウォルグリーン	米　国	117,705	1.5 %	0.5 %	5.6 %
8	アルディ	ドイツ	e 117,047	8.1 %	n／a	5.8 %
9	JD	中　国	94,423	27.6 %	11.7 %	31.2 %
10	ターゲット	米　国	92,400	19.8 %	8.5 %	4.6 %

注）CAGR：年平均成長率 2015～2020年度　e＝見通し　n／a＝入手不可
出所：「世界の小売業ランキング2022」（デロイトトーマツ）

（注）ハンドブックでは，グローバルリテーラー（Global Retailer）について，「複数の国にまたがり，商流や物流などの流通活動をチェーン展開している巨大資本の小売企業のこと」と述べている。

　グローバルリテーラーの類義語にパワーリテーラーがあるが，これは「自国の国内市場を席巻して，市場支配力の強い巨大小売業のこと」をいう。よって，パワーリテーラーのうち，さらなる飛躍を求めて海外市場に積極的に進出している小売業がグローバルリテーラーということになる。

　グローバルリテーラーの主力形態としては，次のものなどがある。

　・スーパーセンター　　　　・ハイパーマーケット
　・キャッシュ＆キャリー　　・ホールセールクラブ

実力養成 問題　小売業主導のバリューチェーンの展開

第1章　第2章　第3章　第4章　第5章　模擬テスト

□ 次のア～オは，SCM と DCM に関する記述である。正しいものに
　は1を，誤っているものには2を記入しなさい。

ア　SCM は，原材料の調達から生産，物流，販売にまたがる複数
　　企業間の業務プロセスをネットワークで結び，情報を共有しなが
　　らチェーン全体の最適化をはかる経営手法である。

イ　DCM は，小売店における単品管理と顧客購買に関する PDCA
　　サイクルにもとづき商品の品ぞろえや発注の最適化をはかり，市
　　場変化に対応した小売業主導のトータル・バリューチェーンを実
　　現することをビジネスコンセプトとして登場した。

ウ　SCM で交換される情報はメーカーと小売業間の生産および商
　　品流通に関する情報であり，一般的に SCM の仕組みは自動車な
　　どの耐久財に適している。

エ　DCM の目的は，膨大な POS データや FSP データをもとに販
　　売需要を予測し，売れ残りや欠品を防止するとともに，在庫およ
　　び物流コストを引き下げ，さらにはメーカーの生産計画にも反映
　　させることにある。

オ　小売業が DCM の対象になる商品カテゴリーごとの単品データ
　　を主要メーカーに開示することで，それらのメーカーは各店舗の
　　立地特性などを考慮し，最適な品ぞろえや価格設定の目安を提案
　　できるし，メーカーによっては，小売業から発注情報を受けると，
　　メーカー自らが商品を小売業の店頭に自動補充できる。

POINT!! 　解説 　》》》

ア：表「SCM と DCM の比較」の中で記述されているように，SCM の目的・
　　ねらいは「原材料の調達から生産や物流，販売に至るまで，商品を供給す
　　るチェーン全体の効率化をメーカー主導で推進する」ことである。つまり，
　　SCM はメーカー側の物理的な商品供給における効率化のための必要不可
　　欠な取組み策で，その主な目的は製造と調達におけるコスト削減である。
　　　SCM（Supply Chain Management）は通常，メーカーが中心となって，

表　SCMとDCMの比較

	SCM	DCM
意義	メーカー→卸売業→小売業という商品供給のチェーンにおける最適化の実現	市場変化に対応した小売業主導のトータル・バリューチェーンの実現
交換される情報	メーカー, 素材メーカー, 物流業などの間で主に原材料の調達に関する情報	小売業とメーカー間の生産および商品流通に関する情報
目的・ねらい	商品の需要を的確に把握するとともに, 原材料の調達から生産や物流, 販売に至るまで, 商品を供給するチェーン全体の効率化をメーカー主導で推進する	POSやFSPデータをもとに販売需要を予測し, 売れ残りや品切れを防止するとともに, 在庫および物流コストを引き下げ, メーカーの生産計画にも反映させる
プロセス	顧客にとって付加価値のない時間およびコストを取り去るプロセス	顧客にとっての価値を高める, 生産から販売までのプロセス

出所：『販売士ハンドブック（発展編）』

製造から流通, 販売にかかわる各企業の経営レベルの向上をはかっていくが, 売場の最前線の販売情報が迅速に収集できれば, 受注から納品までのリードタイムを大幅に短縮できるし, 欠品や過剰在庫の発生を防ぐことができる。つまり, サプライチェーンが確立されていて, それにプラス, 売場の最前線の販売情報などが迅速に収集できれば, サプライチェーン全体の生産や物流の効率はさらに大幅に向上することになる。

イ：サプライチェーンが「メーカー→卸売業→小売業」という供給連鎖を形成するのに対し, ディマンドチェーンは「小売業・店舗→小売業・本部→卸売業→メーカー」という需要連鎖を形成する。そして, ディマンドチェーンを総合的に管理する経営手法をDCM（Demand Chain Management）という。

　PDCAサイクルとは, 「計画（仮説）」→「実行」→「評価（検証）」→「改善」→「計画（仮説）」という一連の活動のことである。つまり, 店舗における販売情報や顧客情報をベースに, 「計画」→「実行」→「評価」→「改善」→「計画」を繰り返すことで, 商品の品ぞろえや発注の最適化をはかり, 市場変化に対応した小売業主導による効率化を追求しようというのがDCMである。

ウ：表「SCMとDCMの比較」の中で記述されているように, SCMで交換さ

れる情報は「メーカー，素材メーカー，物流業などの間で主に原材料の調達に関する情報」である。アの箇所で，SCMの主な目的は「製造と調達におけるコスト削減」と記述しておいたので，容易に理解できると思う。一方，DCMで交換される情報は「小売業とメーカー間の生産および商品流通に関する情報」である。

　なお，「一般にSCMの仕組みは自動車などの耐久財に適している」という記述は正しい。一方，天候やイベントに左右される消費財はDCMの仕組みが適している。

エ：この記述は正しい。「メーカーの生産計画にも反映させることにある」の箇所が誤りと考える読者もいると思われるが，この記述も正しい。

　ハンドブックの中に「長期にわたる発注予測データを，メーカーをはじめとするサプライヤーと共有することで生産計画に反映させ，商品補充をスムースに実現し，かつ，サプライチェーン全体の無駄な在庫を削減することができる」という記述がある。

　小売業はDCMの展開において需要予測システムを確立しており，これにもとづいて単品別の短期・長期別の販売データを保有している。小売業がこれらのデータをメーカーに開示すると，これをもとにメーカーは生産計画を再検討するとともに，短期・長期の需要動向にマッチしたサプライチェーンを形成することになる。

オ：小売業が日々の販売および在庫データをリアルタイムでメーカーや卸売業に開示すると，メーカーなどはそれらのデータをもとに生産・物流体制を再構築する。また，メーカー側はデータ分析の専門スタッフを配置し，小売業からの発注情報を受けると，メーカー自らが商品を小売業の店頭に自動補充するシステムを確立している。

正解　□ア 1　□イ 1　□ウ 2　□エ 1　□オ 1

キーワードはこれだ！

次の各問の〔　　〕の部分にあてはまる最も適当な語句・短文を記入しなさい。

① 〔　　〕とは，複数の国にまたがり，商流や物流などの流通活動をチェーン展開している巨大資本の小売企業のことで，ウォルマート，コストコ，カルフール，テスコ，メトロなどがその代表である。

② 大手小売業が海外進出で成功を収めている背景の1つとして，〔　　〕基準の導入が進み，国境を越えた投資や資本移動，企業業績管理のインフラが整いつつあることが挙げられる。

③ 欧米の高級ブランド品メーカーが日本に進出する場合，まず百貨店や高級専門店への輸出から始め，その売れ行きが好調であると，次は自社ブランドだけの商品をコーディネートした店舗を百貨店などに出店する，いわゆる〔　　〕形式の出店を展開する。

④ 1990年代には再び外資参入ブームが到来したが，その時代の特徴は国別には米国企業の参入が多く，全体の約70％を占めたことと，その中で店舗形態別には〔　　〕チェーンの進出が顕著であったことである。

⑤ SCMは〔　ア　〕の略称で，メーカー主導のもとに，原材料の調達から，生産，流通，販売に至るまでの全プロセスを一元的に管理すること。メーカーへのサプライヤー，メーカー，物流業者，卸売業，小売業などのSCMを構成する企業

が連携し，お互いに〔　イ　〕を共有することで企業や組織の壁を越えて無駄を省き，適時，適量の商品を供給していく手法のこと。

ア	イ

（注）実際のネット試験では〔　　〕は1つですが，便宜上，〔　　〕を2つ設けました。以降で〔　　〕が2つある場合，同様の理由です。

⑥　DCMとは，店頭における販売情報と物流センターでの在庫情報を商品のサプライヤーに提供することで，サプライヤーが自社の商品の〔　　〕を行い，それにもとづいてサプライヤーが自動的に物流センターに商品を補充する仕組みのこと。

⑦　小売業が海外市場に参入するパターンを決定するための変数（意思決定変数）としては，「戦略」「環境」「〔　　〕」の3つがある。

⑧　今日求められているDCMは，企業や部門の垣根を越えて，情報，物流，商取引などすべてにかかわる業務の流れを捉え直し，〔　　〕をはかるとともに，業務プロセスを抜本的に変革することで，商品供給とキャッシュフロー効率を向上させることである。

⑨　近年，グローバルリテーラーにとって，〔　　〕の重要性が高まっているが，その背景としては，海外に進出し，競争力のある小売業態を複数の国で展開することで，競争相手に対して優位性を確立する必要があることが挙げられる。

① グローバルリテーラー

解説 欧米のトップ企業が国内を脱出し，海外に積極的に進出したことで，小売市場のグローバリゼーションが急速に進展し，この結果，グローバルリテーラーと呼ばれる世界をまたにかけた巨大資本の小売企業がいくつも誕生した。

② 国際会計

解説 海外に進出し，競争相手に打ち勝ち，売上高を飛躍的に増加しても，その処理などの仕方が統一していなければ，肝心の目標利益を達成できないなどの事態が発生する。

③ インショップ

解説 インショップ形式の出店がうまくいくと，単独立地の直営店舗を出店することになる。つまり，グローバルリテーラーとはいえリスクを回避しなければならないので，一般に段階的参入を行っている。

④ 専門店

解説 この時代の象徴的な参入事例は米国の玩具関連専門店チェーンのトイザらすが進出し，2000 年 5 月には小売外資として初めて，株式の店頭市場公開を果たした。

⑤ アーサプライチェーンマネジメント　　イー情報

解説 SCM の導入は，「受注から納品までのリードタイムの短縮」「在庫削減」「欠品防止」などを目的としている。

⑥ 需要予測

解説 需要予測システムを確立しても，天候やサプライチェーン上のさまざまな制約条件により，必要なだけの商品が必ずしも調達できるとは限らない。

⑦ 取引費用

解説

表　海外市場参入パターンにおける意思決定変数

戦略変数	環境変数	取引費用変数
①各国市場の違いの程度 ②規模の経済の程度 ③世界市場の集中度	①カントリーリスク ②慣れ ③需要状況 ④競争の変化	①企業特定的ノウハウの価値 ②ノウハウの暗黙性

出典：『アジア発グローバル小売競争』日本経済新聞社
出所：『販売士ハンドブック（発展編）』

⑧ 情報の共有化

解説 これはキーワードであるので，覚えておこう。

⑨ 地理的拡大戦略

解説 地理的拡大戦略とは，新しい市場へ進出することである。

フランチャイズシステムの戦略的特性

□ 次のア～オは，フランチャイズシステムに関する記述である。正しいものには1を，誤っているものには2を記入しなさい。

ア フランチャイズビジネスの特徴として，フランチャイザーから提供されるフランチャイズパッケージの見返りとして，フランチャイジーはフランチャイザーに一定の対価を支払うこと，などが挙げられる。

イ フランチャイジーは，フランチャイザーと協力しながらフランチャイズの統一的イメージを維持し，フランチャイズチェーンの発展に寄与する義務を負っている。

ウ フランチャイザーはフランチャイジーに経営のノウハウを提供してサポートするだけではなく，フランチャイジーの事業の成功を保証するものである。

エ フランチャイザーが所有するブランドはフランチャイザーが発展することによりそのブランド力が高まるもので，フランチャイジーがブランド力を高めることに貢献することはない。

オ フランチャイジーは，フランチャイザーが実験済みの経営ノウハウを活用することによって，事業失敗のリスクを低減することが可能となる。

POINT!! 解説

ア：ハンドブックでは，フランチャイズビジネスの特徴として，次の3つを挙げている。

・本部（フランチャイザー）と加盟者（フランチャイジー）は各々独立した事業体であり，契約にもとづく共同事業を行うこと。

・本部から加盟者にフランチャイズパッケージが提供されること。

・提供されるフランチャイズパッケージの見返りとして，加盟者は本部に一定の対価を支払うこと。

イ：これに関して，ハンドブックは「フランチャイジーは，フランチャイズ契約を交わすことによって，フランチャイザーが確立した店舗運営の統一

図　フランチャイズシステム

フランチャイザー（チェーン本部）

- ・販売権
- ・店名使用権
- ・看板使用権
- ・商品
- ・品ぞろえノウハウ
- ・売場構成ノウハウ
- ・人事管理ノウハウ
- ・経理方法
- ・各種情報
- ・各種指導
- ・各種援助

　　　　　　など

- ・チェーン加盟料
- ・ロイヤリティ
　（各種の使用料）
- ・手数料
- ・商品代金
- ・ユニフォーム代金
- ・包装紙代金
- ・広告宣伝費
- ・各種市場調査費

　　　　　　など

フランチャイジー（加盟店）

出典：『図説　小売マネジメント』（晃洋書房）
出所：『販売士ハンドブック（発展編）』

　「フランチャイズシステム」に関する問題はよく出題されるので，
これに関連する事柄は何度もチェックして，よく覚えておこう。

　したイメージを維持し，フランチャイザーの指示どおり商品・サービスの品質を管理し，自己の店舗におけるオペレーション（ルーティンワーク）とマネジメントを推進する義務を負う」と述べている。

ウ：フランチャイズビジネスの基本は，「契約」と「自己責任の原則」である。ウの記述は「自己責任の原則」に関係したもので，フランチャイザーはフランチャイジーの事業の成功を保証するものではないということ。フランチャイザーは経営のノウハウを提供してサポートするものの，フランチャイジーに利益が生じることを保証するものではない。

エ：ブランドはフランチャイザーが所有し，フランチャイジーに供与するものではあるが，ブランド力は，フランチャイザーとフランチャイジー相互の結束と協調した行動により構築していくものである。

オ：経営ノウハウは，フランチャイザーの体験をもとにシステム化されたものである。よって，この経営ノウハウを活用すれば，フランチャイジーが事業に失敗するリスクは低減することになる。

正解　□ ア 1　□ イ 1　□ ウ 2　□ エ 2　□ オ 1

□ 文中の〔　　〕の部分に，下記に示すア～オのそれぞれの語群から最も適当なものを選びなさい。

　フランチャイズ組織を秩序正しく運営，維持するにあたっては4つの運営原理が必要とされている。これらのうち，〔ア〕の原則はフランチャイズシステムの特徴を発揮するための最も重要な原則である。そのため，フランチャイザーはフランチャイジーの独自の行動を規制することになるが，それが〔イ〕であるフランチャイジーの経営意欲を低下させたりする場合がある。

　フランチャイザーとフランチャイジーとの関係は，組織全体としては〔ウ〕組織と位置づけることができる。一般に，組織が大きくなると必然的に専門的な〔エ〕機能と〔オ〕機能が分化し，それぞれの優秀性を追求しようとする。フランチャイズシステムも必然的にフランチャイザーが〔エ〕機能を担当し，フランチャイジーが〔オ〕機能を担当する。

〈語　群〉

ア	1　統一性	2	相互発展
	3　機能分担	4	独立経営
イ	1　出資者	2	専門経営者
	3　独立経営者	4	個人投資家
ウ	1　相互発展	2	機能分担
	3　独立経営	4	統一性
エ	1　実　施	2	作　業
	3　戦略立案	4	管　理
オ	1　作　業	2	実　施
	3　管　理	4	戦略立案

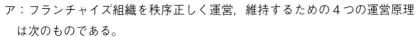

POINT!! 解説

ア：フランチャイズ組織を秩序正しく運営，維持するための4つの運営原理は次のものである。

　　　・統一性の原則
　　　・機能分担の原則
　　　・独立経営の原則
　　　・相互発展の原則

　これらのうち，最も重要とされているのが統一性の原則である。フランチャイザーとフランチャイジーは資本的なつながりがないので，そうした組織を効率よく運営しようとすると，そこには"統一性"が不可欠となる。

イ：フランチャイザーが組織としての統一性を強く求めると，一方のフランチャイジーはあくまでも独立経営者であるため，両者の間に意見の対立が生じる。そして，そこでフランチャイザーがフランチャイジーの要望を受け入れすぎると，フランチャイズシステムの意義が希薄化することになる。

ウ～オ：ウ～オは「機能分担の原則」に関する記述である。よって，ウには「機能分担」，エには「戦略立案」，オには「実施」がそれぞれ入ることになる。フランチャイザーの機能を「戦略立案機能」，フランチャイジーの機能を「実施機能」として表現しているので，試験対策としてはこれらの用語をそのまま覚えておくほかない。

◎独立性の原則

　これは，フランチャイジーはあくまでも独立経営者であるということ。「統一性の原則」の箇所で触れたように，フランチャイザーが統一性の原則を強く前面に押し出すと，独立経営者であるフランチャイジーとの間にトラブルが発生することになる。よって，フランチャイザー，フランチャイジーとも，「統一性と独立性の同時達成」をモットーとする必要がある。

◎相互発展の原則

　これは，フランチャイズシステムという組織はフランチャイザーとフランチャイジーが相互に発展するための共同組織であるということ。よって，フランチャイザーはフランチャイジーのために運営努力を行い，一方，フランチャイジーもフランチャイザーのために業績向上を目指すことにより，相互の発展が実現することになる。

正解　□ ア1　□ イ3　□ ウ2　□ エ3　□ オ2

実力養成 問題｜フランチャイズシステムの組織と役割

□ 次のア～オについて，正しいものには1を，誤っているものには2を記入しなさい。

ア　フランチャイズシステムの本部設立に際して，本部はさまざまな機能を備えておかなければならないが，そのうちの1つが，ほかと差別化されたユニークな商品やサービスなどを提供できる機能である。

イ　フランチャイズシステムにおけるフランチャイザーとフランチャイジーは別の経営組織であるので，フランチャイザーがフランチャイジーの運転資金や改装資金を援助することはない。

ウ　プロトタイプモデルとは，成功したビジネスの原型，つまりフランチャイズ展開を行ううえでのモデル店舗のことで，モデル店舗を設置する場合，最低でも3店の成功体験をもつことが必要といわれている。

エ　フランチャイズ化の条件は，特色のある商品やサービスを開発しており，それらを販売するための特異な技術・ノウハウを直営店で実証していることである。

オ　スーパーバイザーは加盟店の経営指導を行う本部従業員のことで，その役割は加盟店が他のフランチャイズチェーンに加盟しないよう監督・指導することである。

POINT!! ▶ 解説

ア：本部設立時において最低限必要な機能は次表の通りである。よって，これらの機能を提供する組織が本部内に必要となる。

イ：表に記述してあるように，本部に必要な機能として「金融機能」がある。つまり，フランチャイザーとフランチャイジーは別々の経営組織ではあるが，フランチャイジーが必要とする運転資金や改装資金などについてフランチャイザーが融通しているということである。

表 FC 本部に必要な機能

商品・サービス開発機能	ユニークまたは品質の良い商品やサービスを開発し，適正な価格と独自の販売方法を加盟店に提供できる機能。
教育・訓練・指導機能	加盟店に対して提供する商品やサービス，そして販売方法などを正しく理解させ，加盟店を指導する人材スーパーバイザー)を育成する機能。
販売促進機能	フランチャイズチェーンのイメージ向上や新商品の普及などの目的で，各種キャンペーンなどを実施する機能。
情報機能	加盟店に対して商品の販売状況や顧客動向，業界情報などを適宜提供する機能。
金融機能	加盟後の運転資金，改装資金，リースといった資金需要に対して応じることのできる機能。
経営管理機能	加盟店自体の経営管理機能を本部が分担する部分を意味する。本部が分担することにより，加盟店が販売面に専念できる体制を構築して運営の効率をはかる機能。

出所：『販売士ハンドブック（発展編）』

ウ：モデル店舗を設置する場合，最低でも３店，できれば５店以上の成功体験をもつことが必要とされている。なお，立地や地域の特性など環境によっても成功体験は変わってくるので，１つの条件だけではなく，いくつかの条件を設定したうえでビジネス成功の可否を検証することが必要である。

エ：直営店の場合，経営主体は単一であるが，フランチャイズ展開する場合，経営主体が異なるので，商品・サービス，ノウハウ，資金，人材，組織などのフランチャイズ展開の条件がそろっていないと，直営店でいくらうまくいっていても，フランチャイズ化を進めることはできない。

オ：スーパーバイザーの役割は，店舗で起こっている問題や抱える課題をいち早く発見し，それを解決する方法を加盟店のオーナーなどに提案することで，加盟店が利益を上げるよう指導することである。

正 解 ☐ ア1 ☐ イ2 ☐ ウ1 ☐ エ1 ☐ オ2

□ 次のア～オについて，正しいものには1を，誤っているものには2を記入しなさい。

ア　ロイヤリティは，フランチャイズ契約締結の際にフランチャイザーからフランチャイジーに提供されるフランチャイズパッケージの対価として支払うものである。

イ　加盟金は，商品などの仕入債務やロイヤリティの支払いなどを担保するために，フランチャイジーがフランチャイズ契約時にフランチャイザーに預け入れる金銭である。

ウ　売上回収金は，加盟後にフランチャイジーがフランチャイザーに対して定期的に支払う金銭のことである。

エ　敷金は，テナントが家賃を支払わなかったときなどの担保として貸主に預け入れられる金銭である。

オ　一般に，投資回収期間は，加盟金や設備投資をはじめとした初期投資額を年間で稼いだ経常利益の額で割ることで算出される。

POINT!! ▶ 解説

ア：ロイヤリティではなく，加盟金(加盟料，契約金)が正しい。最近，加盟の意思を表示した段階で加盟金の一部を徴収する，加盟申込金が増えてきた。

イ：加盟金ではなく，保証金が正しい。

ウ：売上回収金ではなく，ロイヤリティが正しい。

エ：テナント契約費用は敷金のほかに，礼金，仲介手数料，前払い家賃がある。なお，テナント契約費用はフランチャイジーがフランチャイザーに支払うものではなく，テナントの貸主に支払うものである。

オ：経常利益ではなく，キャッシュフローが正しい。初期投資額が2,000万円で，年間のキャッシュフローが400万円のとき，初期投資額は5年で回収できることになる。

正解　□ア2　□イ2　□ウ2　□エ1　□オ2

実力養成問題　加盟金とロイヤリティの方式（2）

□ 次のア～オは，加盟金とロイヤリティに関する記述である。正しいものには1を，誤っているものには2を記入しなさい。

ア　一般に，フランチャイズチェーンに加盟する場合，加盟に要する費用は，加盟金，保証金，ロイヤリティの3本立てとなっている。

イ　ロイヤリティとは，フランチャイザーがフランチャイジーから毎月受け取る経営ノウハウの継続的な使用料のことで，この中には商標などの使用料は含まれない。

ウ　加盟金は，加盟店がフランチャイズ加盟資格を得るための一時的費用で，この中には立地調査費，店舗設計費は含まれない。

エ　ロイヤリティの算出方法の1つに売上高比例方式があるが，これは売上高に一定割合を掛けることでロイヤリティを算出するもので，ハンバーガーチェーンなど多くの外食産業で採用されている。

オ　定額方式は，業績の良し悪しにかかわらず，あらかじめ設定した一定金額をロイヤリティとして徴収するものである。

POINT!! 解説

ア：フランチャイジー（加盟者）がフランチャイザー（フランチャイズ本部）へ支払うものとしては，加盟金(イニシャルフィー)，保証金，ロイヤリティのほかに，開業前研修費・販促費・初期商品仕入代金が必要になる場合がある。

イ：ロイヤリティの中には，商標などの使用料，各種マニュアルの使用料，継続的な経営指導料などが含まれている。

ウ：加盟金の中には，契約時に開示するノウハウ，商標などのマークの使用権，立地調査にかかる費用，開店前の研修・指導，開店前・開店時の指導員の派遣，店舗の構造，内外装についての設計，デザイン，管理料などが含まれている。

エとオ：ロイヤリティの主な算出方法には次のものがある。

★売上高比例方式 (試験に出た!)

・ロイヤリティ＝売上金額×一定比率

1か月の売上金額が1,000万円で，比率が5％の場合，

ロイヤリティ＝1,000 × 0.05 ＝ 50（万円）

なお，売上高比例方式は最も一般的なロイヤリティの算出方法で，ハンバーガーチェーンなど多くの外食産業で採用されている。

★粗利益分配方式 (試験に出た!)

・ロイヤリティ＝売上総利益(粗利益)×一定比率

算定基準を売上総利益に置くことで，加盟者の最低限の収益を保証しようというもの。

なお，粗利益分配方式はコンビニエンスストア業界の大手チェーンで採用されている。

★定額方式 (試験に出た!)

・ロイヤリティ＝前もって定められた一定の金額

この方式は，加盟者を指導するための本部運営費用は一定であるという考え方にもとづいている。

★営業規模比例方式 (試験に出た!)

・ロイヤリティは，店舗面積や客席数，車の保有台数など，その業種の規模を表す大きさや数量によって算定される。

この方式は，本部の指導コストは規模に比例するという考え方にもとづいている。

以上の算出方法の他に，「商品供給代替方式」がある。この方式は，フランチャイジーに供給する商品などの価格にロイヤリティが含まれている。

正解 ☐ ア2 ☐ イ2 ☐ ウ2 ☐ エ1 ☐ オ1

記述式穴埋問題　　キーワードは*これだ！*

次の各問の〔　　〕の部分にあてはまる最も適当な語句・短文を記入しなさい。

① 〔　　〕とは，フランチャイズ契約によって，フランチャイザーが提供することを約束し，フランチャイジーが対価を支払って利用する一定の経営システムないし一連のプログラムのこと。

② フランチャイジーとフランチャイザーは，〔　　〕という法律行為によって結ばれた関係である。これを締結することにより，フランチャイジーはその期間中，フランチャイザーが持つ商標，名称などを使用する権利，経営上のノウハウを利用する権利などを享受することができる。

③ 同一の名称や商標を用いて，同種の商品またはサービスを販売して事業を行う本部(フランチャイザー)とすべての加盟店(フランチャイジー)が信用にもとづく契約を交わし，多店舗展開によるスケールメリットを追求する仕組みを〔　　〕という。

④ フランチャイズ組織の運営原理には4つの原則があるが，このうち〔　　〕はフランチャイズシステムの特徴を発揮するための最も重要な原則であるが，結果として，それが独立経営者であるフランチャイジーの経営意欲を低下などさせている。

⑤ 加盟店(フランチャイジー)に対する〔　　〕の役割は，加盟店が本部の方針や指導マニュアルに沿って運営され，加盟店が利益を上げられるよう指導することである。

⑥　フランチャイズシステムを運営するには，モノ，カネ，ヒト，情報，ノウハウなどの経営資源が必要になるが，これらのうち最も重要なのは〔　　〕である。

⑦　FC（フランチャイズチェーン）の本部設立時にはさまざまな機能を保有しておく必要があるが，これらのうち〔　　〕機能とは，ユニークまたは品質の良い商品やサービスを展開し，適正な価格と独自の販売方法を加盟店に提供できる機能である。

⑧　フランチャイズビジネスにおけるロイヤリティの算出方式に，ハンバーガーチェーンなど多くの外食産業で一般に採用されている方式があるが，これは〔　　〕に一定割合を掛けてロイヤリティを算出するものである。

⑨　フランチャイズビジネスにおけるロイヤリティの算出方式に，大手コンビニエンスストアチェーンで一般に採用されている方式があるが，これは〔　　〕に一定割合を掛けてロイヤリティを算出するものである。

⑩　〔　ア　〕は，フランチャイズ契約締結の際にフランチャイザーからフランチャイジーに提供される商標利用権などの対価として支払うものである。ただ最近では，加盟の意思表示をした段階で〔　ア　〕の一部を〔　イ　〕として徴収するケースが増えている。

ア	イ

⑪　〔　　〕は，商品などの仕入債務やロイヤリティの支払いなどを担保するために，フランチャイジーがフランチャイズ契約時にフランチャイザーに預け入れる金銭のことである。

⑫ フランチャイジーがフランチャイザーに支払った加盟金や設備投資などに投資した初期投資額が 2,800 万円で，年間の〔　　　〕が 700 万円の場合，投資回収期間は 4 年である。

⑬ フランチャイズ・パッケージには，フランチャイザーの商標やチェーン名称などを使用する権利，フランチャイザーが開発した商品やサービス，品ぞろえや売場構成などの〔　　　〕を利用する権利などがある。

⑭ フランチャイズ組織の運営原理として機能分担の原則があるが，この原則はフランチャイザーが〔　　　〕機能を担当し，フランチャイジーが実施機能を担当するというものである。

⑮ FC（フランチャイズチェーン）の本部に必要な機能として〔　　　〕があるが，これは加盟店自体が行うべき機能を本部が分担することで，加盟店が販売に専念できる体制を構築するものである。

⑯ 〔　　　〕とは，フランチャイズ展開を行ううえでのモデル店舗のことである。モデル店舗の設置にあたっては，最低でも 3 店舗以上の成功体験を導入・実践することが必要とされている。

⑰ フランチャイズビジネスにおけるロイヤリティの算出方式には，定額方式，営業規模比例方式などのほかに，フランチャイジーに提供する商品などの価格にロイヤリティが含まれている〔　　　〕がある。

⑱　フランチャイズ本部以外への支払いとして〔　　〕がある。これは，家賃の不払いが生じたときの担保として貸主に預けられる金銭である。

⑲　フランチャイズシステムがもたらす投資リスクの軽減について，フランチャイジーの立場からは次のようなことがいえる。

　　フランチャイザーが開発した経営ノウハウや商品・サービスを活用できるので，これらを自力で〔　ア　〕が不要となる。また，これらの経営ノウハウは実験済みであるので，事業が〔　イ　〕は低く，投資効率は高いものとなる。

ア	イ

⑳　フランチャイズ組織の運営原理に，独立経営の原則がある。この原則は，あくまでも個々の〔　　〕であるということである。よって，独立経営者としての成長意欲と企業家精神がフランチャイザーの提供する経営ノウハウと結びついたとき，事業の成功の確率は高くなる。

正解＆解説

①フランチャイズパッケージ

　解説 ここでいう一定の経営システムとは，フランチャイザーの商標，サービスマーク，フランチャイザーが開発した商品やサービス，経営上のノウハウなどをいう。

②契約（フランチャイズ契約）

　解説 フランチャイザーとフランチャイジーはそれぞれ独立した事業者であり，契約上は対等な関係である。

③フランチャイズシステム

　解説 フランチャイズシステムは本部がシステム全体をコントロールし，原則として加盟店間のつながりはない。

④統一性の原則

[解説] この原則は，フランチャイズチェーンとして，統一のイメージ戦略や統一した販売活動を行うという原則である。このため，フランチャイザーはフランチャイジーの独自の行動を規制することになる。

⑤スーパーバイザー

[解説] スーパーバイザーにより指導方針などが異なるため，同一チェーンの店舗でも経営にバラツキが生じることになり，これがフランチャイジー側からみたフランチャイズシステムの問題点の1つとなっている。

⑥ヒト

[解説] なぜなら，ノウハウを作るのもヒトならば，それを活かすのもヒトである。自社の経営理念をよく理解できているヒトが多く集まれば，困難な状況も克服していけることになる。

⑦商品・サービス開発

[解説] 「商品・サービス機能」と誤って覚える人がたまにいる。「開発」が入ることに注意すること。

⑧売上高

[解説] この算出方法は「売上高比例方式」という。"この方式は最も一般的な方式で，ハンバーガーチェーンで採用している"ことを覚えておくこともポイント。

⑨売上総利益(粗利益)

[解説] この算出方法は「粗利益分配方式」という。この方式の背景には，フランチャイジーの最低限の収益を保証しようという考え方がある。

⑩ア－加盟金　　イ－加盟申込金

[解説] なお，いったん支払われた加盟金は，いかなる理由があっても返還されない旨の契約書を結ぶケースが多い。

⑪保証金

[解説] 保証金はフランチャイズ契約が終了したとき，フランチャイザーに対して債務がなければ，保証金は全額返還される。債務がある場合，その分だけ，保証金から差し引かれ，返還される。

⑫キャッシュフロー

[解説] 初期投資額が2,800万円で，年間のキャッシュフローが700万円のとき，投資回収期間は，2,800 ÷ 700 = 4（年）となる。

⑬ノウハウ

【解説】品ぞろえノウハウ，売場構成ノウハウのほかに，人事管理ノウハウなどがある。

⑭戦略立案

【解説】これに関してハンドブックは，「フランチャイザーはフランチャイジーの専門的な戦略立案スタッフであり，経営ノウハウ開発スタッフとしての役割を果たしている」と述べている。

⑮経営管理

【解説】本部自体に経営管理機能はあるが，このほかに，加盟店自体が行うべき経営機能を本部が分担するということ。この結果，加盟店は販売面に専念でき，効率化アップにつながる。

⑯プロトタイプモデル

【解説】プロトタイプとは，「原形，原型，試作モデル」の意味である。よって，ここでは，プロトタイプモデルとは「成功したビジネスの原型」ということになる。

⑰商品供給代替方式

【解説】商品供給代替方式では，フランチャイザーがフランチャイジーに提供する商品やサービスの価格には，ロイヤリティが上乗せされているので，その分，価格が高くなっている。

⑱敷金

【解説】フランチャイズ本部以外への支払いには，テナント契約費用と人材募集費用がある。前者には敷金のほかに，礼金・仲介手数料がある。後者は，アルバイトやパートタイマーの採用時にかかる費用である。

⑲アー開発する投資資金　イー失敗する確率

【解説】フランチャイザーの立場からは次のことがいえる。フランチャイザーが他のフランチャイザーとの競争に勝ち抜くためには加盟店を増やさなければならないが，その際に必然的に発生する投資(人，設備，運転資金)をフランチャイジーが負担するため，事業拡大の投資資金を軽減できる。

⑳フランチャイジーは独立経営者

【解説】このほかに，「相互発展の原則」がある。この原則は，フランチャイズシステムは，フランチャイザーとフランチャイジーが"相互に発展するための組織"であるということである。

店舗形態別小売業の戦略的特性

□ 次のア～オについて，正しいものには1を，誤っているものには2を記入しなさい。

ア　専門店業界は近年，二極分化傾向にあり，総じて，独立系専門店（業種）は不調であり，専門店チェーン（業態）は好調組が多い。

イ　今日，市場を細分化し，その層への集中攻撃をかける動きが活発化しているものの，第1次ベビーブーム世代については詳細な顧客データベースの構築が困難であるため，顧客密着型の専門店はいまだほとんどない。

ウ　近年，スマートフォンの普及を背景に，ネットから実店舗に誘客するO2O（オンライン・トゥ・オフライン）の取組みが広がっている。

エ　テクノロジーの活用により個々の顧客に合わせたカスタムメイドの商品提供は可能であるものの，専門店にとってより重要なことは顧客へのサービスというメッセージを顧客密着型経営の中でどのように盛り込むかということである。

オ　専門店においてコンセプトの専門性が近年強調されているが，専門店の強さの本質は品ぞろえの専門性であるので，それを前提としたマーケティング＆ソリューション型業態への転換が不可欠となる。

POINT!! 解説

ア：専門店業界が二極分化傾向にあるのは，消費者市場の変化，すなわちデモグラフィック要因とライフスタイル要因の捉え方の違いにある。

　　デモグラフィック要因については，業績を伸ばしている専門店チェーン（業態）が団塊ジュニア市場に着目し，そこでの販売拡大に取り組んでいるのに対して，業績が落ち込んでいる独立系専門店（業種）はすでにリタイアした高齢者層をターゲットにしている。

　　ライフスタイル要因については2つある。1つはカジュアル化の進展であるが，専門店チェーン（業態）がカジュアルシーンに対応しているのに対して，独立系専門店（業種）はそうした対応ができていない。もう1つは，ディスカ

ウント業態での買物に多くの消費者が抵抗を示さなくなったことである。衣料品，家電，家具などの大型専門店が顧客の低価格志向に対応しているのに対し，独立系専門店はこうした大きなトレンドを捉えきれていない。

イ：少子高齢化が進展していることもあり，第1次ベビーブーム世代が市場を急速に膨張させている。この世代はすでに現役を引退した人が大半であるものの，年金が充実していることと，退職金などにより貯蓄額が多いことから，集中攻撃をかけるに値する年齢層であるといえる。したがって，すでに第1次ベビーブーム世代をターゲットとした高級志向の専門店も存在している。

　　　アで述べたように，もちろん，第2次ベビーブーム世代である。「団塊ジュニア」をターゲットとした専門店も少なくない。いずれにせよ，近年は市場を細分化し，その層へ集中攻撃をかける動きが活発化している。

ウ：オンライン・トゥ・オフラインとは，インターネットなどのオンラインから，店舗などのオフライン（インターネットにつながっていないこと）へ消費者を呼び込む施策のこと。これに関して，ハンドブックでは，「たとえば，スマートフォンのアプリケーションを使って店頭にある欲しい商品を取り置き，支払いできるサービスの提供である。顧客は店舗を訪れると買物が完了する」と述べている。

エ：ここでのポイントは，専門店にとって，「商品ではなく，サービスこそが専門店の個性化戦略を展開するうえで最も重要である」ということ。ウで述べた「O2Oへの対応」，そして「顧客カードの高度活用により，自動的に試着室へ商品が運ばれるシステムの確立」「ネットショップを開設し，全国の顧客から注文を受けるシステムの確立」などは専門店が顧客密着型経営を確立する上で重要ではあるものの，それ以上に，顧客へのサービスの取り組みをそうしたプロセスの中で顧客にいかに実感してもらうかが専門店の個性化戦略を展開する上で重要といえる。

オ：これに関してハンドブックは，「専門店の強さの本質は，品ぞろえのスペシャルティではなく，コンセプトのスペシャルティにある。単に品ぞろえを専門店らしく整備しても，売り方や売場づくり，接客サービスなどの方法を誤れば，顧客はそれらを専門店と認めようとしなくなる」と述べている。

正　解　□ ア 1　□ イ 2　□ ウ 1　□ エ 1　□ オ 2

□ 次の文中の〔　　〕の部分に，下記の語群のうち最も適当なもの
を選びなさい。

　　百貨店はフルラインマーチャンダイジングによる〔ア〕政策を余
儀なくされている。そのため，チェーンストアや専門店とは違い，
メインターゲットのライフスタイルを考慮に入れた〔イ〕や定番商
品に絞り込むことを自ら困難にさせている。

　　それだけに，フルラインマーチャンダイジング，〔ア〕という“〔ウ〕”
的店づくりを維持していくうえで，商品ロスや在庫リスクを負わ
ない〔エ〕は百貨店としても好都合の制度であったことは否めない。

　　今日，百貨店が依然として〔エ〕の取扱いウェートが高い理由は，
買取りによって仕入れた専門性の高い高価格帯商品を主体に販売
する(売り切ることのできる)優秀な販売員が不足していることな
どがある。また，販売の主体を，メーカーなどの〔オ〕に任せきり
にしてきたことも少なからず影響している。

〈語　群〉
①買取制度　　　　②臨時社員　　　　　③業種の総合化
④売れ筋商品　　　⑤マルチターゲット　⑥特売商品
⑦ターゲットマーケティング　　⑧業態の専門化
⑨委託・返品制度　　⑩派遣社員

POINT!!　解説　

ア：マルチターゲット(不特定多数の顧客対象)が入る。つまり，百貨店の大
　　きな特徴は，フルラインマーチャンダイジング(総合型品ぞろえ)によるマ
　　ルチターゲット政策を基本としているということ。ターゲット顧客を絞り，
　　それを対象とした品ぞろえを行う専門店などとは正反対の政策を基本とし
　　ている。

イ：百貨店は総合型品ぞろえを基本としているので，他の業態のように売れ筋
　　商品や定番商品に絞り込むわけにはいかない。たとえ，トレンドの動きが激
　　しいファッション分野であっても，総合的な品ぞろえを行う必要がある。

　これに関して，ハンドブックでは，「今日，百貨店の取扱いアイテム数は，概算で30万品目といわれている。さらに，色，サイズ，素材まで分類すれば，単品レベルでは莫大な商品量となる」と述べている。

ウ：フルラインマーチャンダイジングとは「総合的品ぞろえ」，マルチターゲットとは「不特定多数の顧客対象」のことであるので，〔ウ〕には「業種の総合化」が入ることになる。つまり，まさに「百貨店」ということ。

エ：“百貨店”と一口で言うけれど，この店舗形態を維持していくためには想像以上に数多くの労力・知識・情報が必要となる。たとえば，仕入の際には「百貨店に置く商品としてふさわしいもの」「商品の価格がいくらが適切か」など，チェック項目は多岐にわたる。それをあらゆる業種にわたり精通しようとすれば，百貨店の社員だけでは到底対応できない。その結果，「委託・返品制度」が確立され，百貨店への社会的信頼性を保ちつつ，適正な利益をも生みだすことを可能とした。

　ハンドブックは，委託・返品制度について「百貨店が，一定期間の販売のために問屋やメーカーから商品を預かって売場に置き，販売手数料として売上の何割かをもらう仕組み。売れ残った商品はサプライヤーが引き取る（返品する）ため，商品ロスや在庫リスクは負わないが，その分利益率は低くなる」と述べている。

オ：「派遣社員」が入る。これは「委託・返品制度」と深く関係がある。百貨店側からすれば，商品知識に関してはメーカーや卸売業に比べ乏しい。一方，メーカー側からすれば商品知識は豊富であるものの，商品を売る場がないことにはビジネスにならない。そうしたことから，「委託・返品制度」や「派遣社員の送り込み」ということが慣習化された。派遣社員は商品知識が豊富であるので，販売の際にトラブルは少なく，販売量も多いものとなる。

正　解　□ ア ⑤　□ イ ④　□ ウ ③　□ エ ⑨　□ オ ⑩

□ 次のア～オについて，正しいものには1を，誤っているものには
2を記入しなさい。

ア　百貨店業界が抱えている構造的な問題の1つは，百貨店の社会
　　的役割の急速な低下現象である。

イ　百貨店があたかも不動産業であるかのようにいわれる理由は，
　　百貨店が大切な売場をメーカーなどに切貸しする，いわゆるベン
　　ダーアロケーションを行っているためである。

ウ　日本の百貨店はアメリカのデパートメントストアと同様，特定
　　顧客層に対する特定品種と特定サービスの提供という専門性への
　　こだわりが欠如している。

エ　今日，百貨店という業種に求められているのは，ファッション
　　領域主体のライフスタイルの創造であり，この領域でのマーチャ
　　ンダイジング展開は高い利益率が予想される。

オ　今後の百貨店経営において最も重要な顧客サービスのコンセプ
　　トとなるのが，「ホスピタリティ（もてなし）」である。

POINT!! ▶解説

ア：百貨店業界の構造的問題の1つとして，近年，百貨店の社会的役割が急
　　速に低下していることが挙げられる。

　　　1960年代から1980年代までは，百貨店は日本の豊かな消費生活の象
　　徴的存在で，流行をつくり出す「インキュベータ（孵化器）」の機能を発揮す
　　ると同時に，新しいライフスタイル概念となった「都市消費文化」の創造と
　　いう役割を担っていた。ところが，高度成長期から低成長期に移行すると，
　　消費の多様化・個性化が進展し，それに伴い新業態が成長することになり，
　　小売業全体の売上高に占める百貨店業界の割合は著しく低下することに
　　なった。その割合はピーク時には25％強であったが，2020年には4.2％
　　にまで低下した。

イ：百貨店の売場をメーカーなどに切貸しすることをベンダーアロケーショ
　　ン（納入先企業スペースの割当）という。

　問屋やメーカーは，その百貨店において自社商品の販売量を増加するため，売場スペースの拡大を目指す。しかし，売場スペースを拡大するためには，与えられた売場スペースで売上増を達成しなければならないので，自社の人材を百貨店に派遣することになる。

　一方，百貨店からすれば，問屋やメーカーが無料で自社の社員を派遣して商品を販売してくれると，人件費の削減や教育研修に要するコストなどの削減ができるというメリットがある。

　こうした両者の利害一致により，今日の百貨店の構造的問題の1つと指摘される派遣社員制度が確立された。

ウ：日本の百貨店とアメリカのデパートメントストアが根本的に異なる点は，日本の百貨店が顧客を特定していないのに対し，アメリカのデパートメントストアは上流階級所得者層（アッパー），中流階級所得者層の上層（アッパーミドル），中流階級所得者層（ミドル）というように顧客を特定していることにある。そのため，アメリカのデパートメントストアはいくつかの部門（デパートメント）が1つのコンセプトで統合されているし，各所得者層に合わせた専門的品ぞろえと専門のサービスが提供されている。

エ：現在，百貨店が直面している問題として「高コスト・低収益」がある。これを打開する手段として，"ファッション領域主体のライフスタイルの創造"が挙げられる。なぜなら，ファッション領域主体のマーチャンダイジングを展開すると利益率は高いものとなる。よって，専門業態を取り込んだワンストップショッピングの利便性やエンターテイメント性を持ち，専門店を超えたスペシャルティ・マーチャンダイジングを展開する必要がある。

オ：ハンドブックでは，今後の百貨店の経営戦略として，「ファッションを中心としたライフスタイルの創造」「スペシャルティデパートメントストア業態の確立」のほかに「ホスピタリティ（もてなし）にもとづく顧客サービスの徹底」を挙げている。

正　解　□ ア 1　□ イ 1　□ ウ 2　□ エ 1　□ オ 1

□ 次の文中の〔　　〕の部分に，下記の語群のうち最も適当なもの
を選びなさい。

　　アメリカのGMSは，〔ア〕所得者層を対象に，日常生活に必要
な商品(ただし，〔イ〕は扱っていない)を，一定の〔ウ〕にもとづい
て取りそろえた店舗形態である。これに対し，日本流にアレンジ
されたGMSは，モノ不足の時代に安さの旗印を振りかざして登
場した「よろず屋」的大型店舗であったといえる。
　　また，日本型GMSと百貨店はともに商品部門ごとの集合体で
はあるが，日本型GMSが百貨店と異なる点は，〔エ〕を抑えた店
舗づくりを基本とし，〔オ〕の商品を部門ごとに集結させたところ
にある。

〈語　群〉
①投資　　　　②高価格帯　　　③中流階級
④衣料品　　　⑤コンセプト　　⑥低価格帯
⑦食品　　　　⑧規模　　　　　⑨上流階級
⑩差別化政策

POINT!! 　解説

　　アメリカのGMSと日本型GMSの違いの1つは，アメリカのGMSが中
流階級所得者層を対象としているのに対して，日本型GMSは主たる**購買層**
を限定していないことである。購買層を限定するという概念は当時はなく，
“安売り”が関心事となっていた。つまり，日本型GMSには，“安売り”以外
のコンセプトがなかったといえる。違いの2つ目は，アメリカのGMSの場合，
食品を扱っていないことである。
　　また，日本型GMSと百貨店との違いの1つは，前者の場合，投資を抑え
た店舗づくりを基本としていること。2つ目は，前者の場合，低価格帯の日
常生活に欠かせない商品を部門ごとに集結させていること。

正解 □ ア③ □ イ⑦ □ ウ⑤ □ エ① □ オ⑥

実力養成問題 総合品ぞろえスーパー（スーパーストア）の戦略的特性(2)

□ 次のア～オは，日本型GMS（スーパーストア）に関する記述である。正しいものには1を，誤っているものには2を記入しなさい。

ア　百貨店は，店舗ごとに仕入や販売政策などを行うことを基本としている。これに対し，日本型GMSは，集中的運営による「規模のメリット」を追求してきた。

イ　消費者が日本型GMSを敬遠するようになった要因としては，「駐車場が広大でないため，入るまでに待たされて時間がかかる」などがある。

ウ　GMSは現在，日本型GMSからスーパーストアへの脱皮をはかっており，その品ぞろえは生活者のある生活シーンに必要な商品カテゴリーを深く取りそろえたものに変わっている。

エ　これからのスーパーストアの経営に必要なことは，ローコストオペレーションシステムの確立により，本来スーパーストアが持つ機能であるマスマーチャンダイジングをより強力に発揮することである。

オ　スーパーストアは，チェーンオペレーションを基本としながらも，個店ごとに利益を創出する必要から，最近は従来の販促方法から脱却し，特売や目玉商品による大量販売政策を採用している。

POINT!! ▶ 解説

ア：百貨店と日本型GMSは，仕入方法，販売方法，商品価格帯，品質，ブランドなどにおいて大きく異なっている。

　仕入方法においては，百貨店は店舗ごとに仕入れているが，日本型GMSは本部による一括集中仕入である。販売方法においては，百貨店は対面販売，日本型GMSは主としてセルフサービス方式を採用している。商品価格帯については，前問で述べたように，百貨店は高価格帯商品，日本型GMSは低価格帯商品を集めている。

　以上のように，百貨店と日本型GMSはさまざまな点において異なるが，要は百貨店の基本的体制が個店対応であり，日本型GMSはチェーンオペレーションであることにその根本要因がある。

イ：ハンドブックでは，消費者のタイムセービング（買物時間の節約）ニーズ
を阻害している要因として次のことを挙げている。

　①（多くが郊外立地ではなかったので）行くまでに交通渋滞などによって
　　時間がかかる。

　②駐車場が広大ではないため，入るまでに待たされて時間がかかる。

　③駐車場に止められても，駐車場を出てから入店するまでに時間がかか
　　る。

　④店舗が大きすぎて，買物をするのに時間がかかる。

　⑤売場がわかりにくく，どこに何があるのか探すのに時間がかかる。

　⑥時間がかかる買物をカバーするような価値がある商品が少ない。

ウ：「生活者のある生活シーンに必要な商品カテゴリーを専門的に深く取り
そろえている」のは，専門大型化小売業（紳士服や家電などの専門チェーン）
である。

　　なおハンドブックは，「今日の小売業界において，日本型 GMS は，すで
に総合品ぞろえ小売業という性格を変えている。つまり，何でも安く売る
という初期のオペレーション形態からスーパーストア化への脱皮をはかっ
ているとして，日本型 GMS という呼称をスーパーストアにかえる」と述べ
ている。

エ：マスマーチャンダイジングとは，ただ単に大量仕入れにより仕入価格を
引き下げることで，大量販売することではない。大量仕入，大量販売のみ
ならず，"よりよいモノをより安く"販売することである。そして，それを
可能にするのがローコストオペレーションシステムの確立である

オ：特売や目玉商品による大量販売政策は，従来からスーパーストアが実施し
てきた販促方法である。この政策が実施される理由は，来店客数を常時，一
定水準に維持し，店舗運営に必要な利益を確保することにある。しかし，今
日の消費者は自らが必要とする商品以外は買わなくなっているので，最近，
スーパーストアは特売の回数を減らしたり，EDLP 政策を実施したり，ある
いはインストアマーチャンダイジングを強化している。つまり，スーパース
トアは最近，「出血販促から利益の取れるマーケティング」，別言すれば「売上
拡大志向から利益志向へ」，発想の転換を行いつつある。

正　解　□ ア 1　□ イ 1　□ ウ 2　□ エ 1　□ オ 2

実力養成 問題 | スーパーマーケットの戦略的特性

□ 次のア～オについて，正しいものには1を，誤っているものには2を記入しなさい。

ア　ドラッグストアや生鮮コンビニなど新たに食品を扱うほかの店舗形態との顧客争奪戦が激化していることから，スーパーマーケットはペリシャブル(生鮮食品)部門の機能性と便利性を高めることが重要なポイントとなる。

イ　従来型のスーパーマーケットはペリシャブルアイテムなどを壁面に並べて，一方通行型で顧客を回遊させるだけのセルフサービス販売方式を行ってきたが，今後，スーパーマーケットは料理メニューの提案や食生活のカウンセリングを伴う売り方を行うスペシャルティストアに転換していく必要がある。

ウ　消費者がスーパーマーケットに買物に行くのはワンストップショッピングの享受にその目的があったが，今日ではそれに加えて価格(買い求めやすさ)，鮮度(新しさ)，品ぞろえ(豊富さ)の3要素が求められている。

エ　従来の単なる素材のまとめ買いというワンストップショッピングへのニーズのほかに，今日，出来立ての弁当などの購入から各種チケットの購入などのあらゆるサービスを1か所で享受できる，ワンストップコンビニエンスへのニーズが高まっている。

オ　今後，スーパーマーケットはきれいでわかりやすい店舗(売場)，欠品しない豊富な商品バリエーション，寛大な返品ポリシー，スペシャルオーダーの取扱いなど，消費者が望むものはすべて提供していく姿勢を貫くことが求められている。

ア：ハンドブックでは，ペリシャブル（Perishable）について，「腐敗しやすいという意味であり，主としてSMの生鮮食品部門の商品を対象としている用語である。アメリカには，生鮮食品だけを扱う専門店があり，それらを総称してペリシャブルストアと呼んでいる」と記述している。

　なお，ペリシャブル部門の機能性と便利性を高めるためには，売場面積や商品構成面だけのフォーマット論ではなく，需要を創造するために必要なストアコンセプトにもとづく業態を確立する必要がある。具体的には，生鮮三品を主体としながらも，デリカテッセンや出来立て惣菜の拡充強化を行うことで，品ぞろえを一層充実する必要がある。

イ：従来型のスーパーマーケットはペリシャブルアイテムなどを壁際に配置することで，一方通行型で顧客を回遊させるだけのセルフサービス販売方式を行い，単純なコスト削減を行ってきた。しかし，今後スーパーマーケットが生き残っていくためには，料理メニューの提案や食生活のカウンセリングを伴う売り方を行うことで，高品質で専門性の高い品ぞろえ，そして高度なサービスを提供するスーパーマーケットに転換する必要がある。

ウ：従来，消費者は「SMは価格（買い求めやすさ），鮮度（新しさ），品ぞろえ（豊富さ）の3要素を備えている」ということで，SMに買物に出かけた。しかし今日では，それに加え，「行きやすさ，入りやすさ，わかりやすさ，買いやすさ，精算しやすさ」の「5つのやすさ」を考慮した「スピードとサービス性」が求められている。

エ：今日，消費者はスーパーマーケットに対して，「ワンストップショッピング」を超えたところの「ワンストップコンビニエンス」の機能の実現を求めている。

オ：これに関して，ハンドブックでは，「今後，スーパーマーケットは単に生鮮食品などを品ぞろえする食品ビジネスではなく，ホスピタリティ（もてなし）をコンセプトとして，「消費者のニーズに応えるために提供するサービスはすべてカスタマーサービスである」を主張する顧客重視型小売業態と位置づけなければならない」と述べている。

正　解　□ア 1　□イ 1　□ウ 2　□エ 1　□オ 1

記述式穴埋問題（1）　キーワードは**これだ！**

次の各問の〔　〕の部分にあてはまる最も適当な語句・短文を記入しなさい。

① 〔　〕とは，インターネットなどのオンラインから実店舗などのオフラインに顧客を誘い込む施策のことで，スマートフォンの急速な普及により，近年注目を集めている。

② 一人ひとりの顧客が特定の小売店に対して，生涯にわたってもたらす価値（利益）のことを〔　〕という。これを高めるための方策としては，顧客の平均購買単価を引き上げるなどがある。

③ CRM とは，小売業が顧客データベースをもとに組織的に顧客をサポートし，顧客との良好な関係を構築することで，〔　〕・マーケティングを展開しようというものである。

④ 百貨店の構造的問題として挙げられるのは，〔　〕に依存していることと，派遣社員制度に依存していることである。両者とも，百貨店にとって長年にわたる大きな課題である。

⑤ 派遣社員制度は，百貨店にとって自社の人件費削減や教育研修コスト削減につながるし，一方，メーカーや問屋にとって〔　〕の確保および拡大につながることから，両者とも存続を希望するものである。しかし，百貨店の自主性を確立するためには，派遣社員への依存度を低下させていく必要がある。

⑥ アメリカの GMS と日本型 GMS の大きな違いの 1 つは品ぞろえの範囲が違うことである。日本型 GMS は〔　　〕の分野にわたる総合的な品ぞろえであるのに対し，アメリカの GMS は食品を扱っていない。

```
┌─────────────────────────────────────┐
│                                     │
│                                     │
└─────────────────────────────────────┘
```

⑦ 日本型 GMS と日本の百貨店の大きな違いの 1 つは，仕入方法が異なること。百貨店の仕入は基本的に店舗ごとに行うのに対し，日本型 GMS は〔　　〕を行う。

```
┌─────────────────────────────────────┐
│                                     │
│                                     │
└─────────────────────────────────────┘
```

⑧ 日本の総合品ぞろえスーパーは"行くまでに交通渋滞などによって時間がかかる""店舗が大きすぎて，買物をするのに時間がかかる"など，消費者の〔　　〕ニーズを阻害する要因を内包している。

```
┌─────────────────────────────────────┐
│                                     │
│                                     │
└─────────────────────────────────────┘
```

⑨ アメリカには，生鮮食品だけを扱う専門店があるが，それらを総称して〔　　〕と呼んでいる。

```
┌─────────────────────────────────────┐
│                                     │
│                                     │
└─────────────────────────────────────┘
```

⑩ 〔　　〕とは，スーパーマーケットの各部門を店内専門店化（ブティッキング）すると同時に，新たに医薬品やデリカテッセンなどの部門を結合したアップスケール型 SM（スーパーマーケット）のことで，売場面積は 1,200 坪以上ある。

```
┌─────────────────────────────────────┐
│                                     │
│                                     │
└─────────────────────────────────────┘
```

⑪ スーパーマーケットの今後の課題および方向性としては，「スピードとサービス性の追求」，「ワンストップショッピングから〔　ア　〕へ」，「スペシャルティ・〔　イ　〕の提供」の 3 つがある。

ア	イ

正解＆解説

① O2O（オンライン・トゥ・オフライン）

解説 スマートフォンの急速な普及により，大部分の消費者がネットにより情報を収集することになった。そのため，実店舗もネットで情報発信することが顧客を呼び込むためには不可欠となった。

②顧客生涯価値

解説 ハンドブックはこのほかに，「顧客の購買頻度を高める」「顧客との継続期間を延ばす」「顧客の維持費用を低減させる」などを挙げている。

③ワントゥワン（One to One）

解説 ハンドブックは CRM（Customer Relationship Management）について，「顧客関係性マネジメントの略称。狭義には，小売業が情報技術を駆使して顧客データベースをもとに，組織的に顧客をサポートしたり，顧客との関係構築をはかったりすること」と述べている。

④委託・返品制度

解説 委託・返品制度は，フルラインマーチャンダイジングによるマルチターゲット政策を基本とする百貨店にとっては都合のよい制度であるが，同制度のもとでは利益率が上がらないため，低収益性という問題を解消できない。

⑤ベンダーアロケーション

解説 ベンダーアロケーションとは，納入先企業スペースの割当のことである。ベンダーアロケーションにより，あたかも場所貸しの不動産業のような姿へと変身した百貨店も少なくない。

⑥衣・食・住

解説 アメリカの GMS と日本型 GMS の大きな違いの２つ目は「対象とする購買層が異なること」である。日本型 GMS は主たる購買層を特定せず，誰にでも，何でも安く売ることを基本としているのに対し，アメリカの GMS は中流階級所得者層を対象としている。

⑦本部が一括集中仕入

解説 日本型 GMS と日本の百貨店の大きな違いの２つ目は「販売商品の価格帯が異なること」である。百貨店が高価格帯商品をそろえているのに対し，日本型 GMS は低価格帯商品を集結させている。

⑧タイムセービング（買物時間の節約）

解説 ワンストップショッピングのニーズとともにショートタイムショッピングのニーズが一層高まっている今日，総合品ぞろえスーパーは本格的スーパーストアとしての業態を確立することに迫られている。

⑨ペリシャブルストア

解説 今日，ドラッグストアや生鮮コンビニエンスストアのほか，デパ地下や持ち帰り弁当チェーンなど中食推進形態が成長するなど，消費者の惣菜需要が一段と高まっていることから，スーパーマーケット業界としてはペリシャブル部門の強化が生き残る上でポイントなる。

⑩コンビネーションストア

解説 従来型のスーパーマーケットではペリシャブル部門は壁際に配置されていたが，コンビネーションストアではペリシャブル部門を壁際から引き離し，食生活のカウンセリングを伴う売り方を行うことで，カウンセリング機能をもったスペシャルティストアに転換する必要がある。

⑪ア－ワンストップコンビニエンス　　イ－カスタマーサービス

解説 「スピードとサービス性の追求」については，P86のウを参照してもらいたい。

　「ワンストップショッピングからワンストップコンビニエンスへ」については次の通りである。今日の消費者は，毎日の食材や生活に必要な消耗品をまとめ買いすることだけを望んでいるわけではなく，これらのほかに出来立ての弁当や一流シェフのつくった惣菜，そして，クリーニング，ペットのトリミング，各種チケットの購入などを1か所ですませることのできる便利性を強く求めている。したがって，スーパーマーケットはワンストップショッピングからワンストップコンビニエンスに機能を拡大する必要がある。

　「スペシャルティ・カスタマーサービスの提供」については次の通りである。消費者に自店で継続的に購買をしてもらうためには，質の高いカスタマーサービスの提供が不可欠となる。単に生鮮食品などを品ぞろえする商品ビジネスではなく，ホスピタリティ（もてなし）をコンセプトとしたところのカスタマーサービスの提供が必要である。

実力養成 問題 ホームセンターの戦略的特性（1）

第1章

第2章

第3章

第4章

第5章

模擬テスト

□ 次の文中の〔　　〕の部分に，下記の語群のうち最も適当なもの
を選びなさい。

　消費者のホームセンター（HC）への主たる来店目的をみると，
〔ア〕素材・用品，〔イ〕，〔ウ〕の購入という3点に集約される。こ
れらのうち，〔ウ〕は重量があり，かさばる商品である。そのため，
広い駐車場を有するホームセンター特有の商品といえる。しかし，
〔イ〕に関しては他の業態でも購入することができる。今後，ホー
ムセンターが成長を続けていくとすれば，業態の目的である〔ア〕
のコンセプトを再認識し，〔エ〕や〔オ〕などの分野で，より強固な
専門化を貫く努力が不可欠となる。なお，〔オ〕はホームセンター
業界が見失っていた重要な機能である。

〈語　群〉
① BIY　　②園芸・エクステリア　③ハウスキーピング
④ DIY　　⑤木材・建材　　　　⑥家庭日用品
⑦ホームソーイング　　　　　　⑧カーインプルーブメント
⑨ HI　　⑩道具・工具

POINT!! 解説　　　　　　　　　　　　　　　　　　　　　》

　ハンドブックによれば，「消費者の志向が物質的な豊かさから精神的な豊
かさへと変化し，余暇時間が増加したことに伴い，園芸・ガーデニング，日
曜大工の人口は増加し，DIY（Do It Yourself）用品や園芸用品の潜在需要が拡
大している」としている。

　こうした環境において，ホームセンター（HC）への主たる来店の目的は，
DIY 素材・用品，家庭日用品，園芸・エクステリアの購入にある。このうち，
家庭日用品は他の業態でも購入可能なので，ホームセンターとしては今後，
DIY 素材・用品の販売に力を入れていく必要がある。

　また，今後ホームセンターが成長を続けていくうえで重要なことは DIY の
コンセプトを再認識し，HI（Home Improvement），BIY（Build It Yourself）な
どの分野でより専門性を発揮することである。

正解 □ ア④　□ イ⑥　□ ウ②　□ エ⑨　□ オ①

□ 次のア～オについて，正しいものには1を，誤っているものには
　2を記入しなさい。

　ア　ホームインプルーブメントとは，台所，トイレ，バスルーム，
　　リビングなど必需性の高い義務的メンテナンス部分を指すもので
　　ある。
　イ　ホームファーニシングの概念とは，日常生活を送るうえで必要
　　な空間の飾りつけを意味するものである。
　ウ　ホームデコレーションとは，生活全般にかかわる家具や住居設
　　備などをトータルコーディネートして取り付けることである。
　エ　家事関連需要商品はハウスキーピング商品などと呼ばれてお
　　り，品目数は年々，急速に増えている。
　オ　ホームセンターが業態間の差別化競争において優位性を発揮す
　　るためには，従来からのH&BC（健康・美容関連）カテゴリーや
　　ハウスキーピング・ユニット（家事用品）に依存して来店促進を行
　　う経営から脱却しなければならない。

POINT!! 解説

　ア：ハンドブックは，ホームインプルーブメントについて，「これは，住居
　　を機能面で維持していくために必要なすべての日常生活パターンを包み込
　　んだ意味を持つ」と述べている。ホームインプルーブメントの概念につい
　　ては頻出である 試験に出た! 。
　イとウ：イの「ホームファーニシング（Home Furnishing）」とウの「ホームデコ
　　レーション」が反対に記述されている。ハンドブックは，ホームファーニ
　　シングについて，「これは，日常生活をより快適に向上させることを目的
　　として，家庭空間を機能面で高める欲求が包括される概念である」と述べ
　　ている。また，「日本のホームセンターこそ，ホームファーニシング分野
　　の需要を創造するに適した専門的商品政策展開を強く推進していかなけれ
　　ばならない」と述べている。
　　　ハンドブックは，ホームデコレーションについて，「高級イメージを醸

し出すための舞台装置的な商品ではなく，いわば標準仕様の装置的な部分と位置づけるものである。備えていて当然，なくてはならない機能という点において，必需的な装飾機能である」と述べている。なお，ホームデコレーションの概念については頻出である(試験に出た!)。

エ：下図に示されるように，家事関連需要商品は業種的発想の日用雑貨品の範囲を超えた広がりを示している。このため，この分野は実に多様で品目数も年々，著しく増えている。

図　家事関連需要商品の広がり

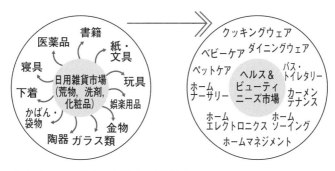

出典：『小売業新業態革命』日本実業出版社
出所：『販売士ハンドブック(発展編)』

オ：また，ハンドブックでは，「今後，住居，インテリア，園芸，ペットなどへ興味を持つ人口が増加する限り，その領域に特化するホームセンターは消費者にとって必要不可欠である。それゆえ，周囲の環境変化と消費者ニーズを綿密に読み取り，興味と欲求に応え得る業態を確立すべきである」としている。つまり，住居，インテリアなどの領域に特化するホームセンターに脱皮することが今後必要であるということ。

正解　□ ア1　□ イ2　□ ウ2　□ エ1　□ オ1

第1章　第2章　第3章　第4章　第5章　模擬テスト

ドラッグストアの戦略的特性（1）

□ 次のア～オは，ドラッグストアの類型と，そのアソートメント特
性に関して述べたものである。正しいものには1を，誤っている
ものには2を記入しなさい。

ア　専門志向型ドラッグストアのアソートメント特性は，主力商品
の調剤または自店の得意分野の医薬品あるいは化粧品を少品種か
つ少量品目で構成していることである。

イ　バラエティ志向型ドラッグストアのアソートメント特性は，一
般用医薬品のウェイトを減らし，ほかのカテゴリーを平均的に拡
大する一方，品目は大幅に絞り込んでいることである。

ウ　便利志向型ドラッグストアのアソートメント特性は，どのよう
な生活場面にも対応できるように，品種と品目がバラエティ志向
型ドラッグストアよりも多いことである。

エ　ディスカウント型ドラッグストアのアソートメント特性は，
H&BC ではなく加工食品や GM（一般雑貨）を中心とした多品種
構成となっていることで，しかもボリュームと単品の多さで品ぞ
ろえのフルライン化を強調している。

オ　バラエティ志向型ドラッグストアと便利志向型ドラッグストア
のアソートメント特性はともに，多品種多量販売を追求したもの
である。

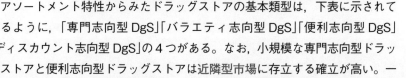

POINT!!　解説

　アソートメント特性からみたドラッグストアの基本類型は，下表に示されて
いるように，「専門志向型 DgS」「バラエティ志向型 DgS」「便利志向型 DgS」
「ディスカウント志向型 DgS」の4つがある。なお，小規模な専門志向型ドラッ
グストアと便利志向型ドラッグストアは近隣型市場に存立する確立が高い。一
方，中規模のバラエティ志向型ドラッグストアと大規模型のディスカウント志
向型ドラッグストアは郊外型市場に存立する確率が高い。

ア：専門志向型ドラッグストアのアソートメント特性は，専門性の強い商品を
少品種かつ少品目で構成していることである。つまり，品種と品目の両方を

表　アソートメント特性からみた DgS の基本類型

1. 専門志向型 DgS	主力商品は，調剤または独自分野の医薬品，あるいは化粧品で，美や健康を基礎とした関連商品を組み合わせている。品種と品目の両方を絞り込んでいるのが特徴である。
2. バラエティ志向型 DgS	主力商品は，H&BC で構成比が高い。一般用医薬品の品種と品目は便利志向型ドラッグよりは多い。その他は，酒を加えたりして，カテゴリーと品目を拡大している。
3. 便利志向型 DgS	一般用医薬品のウェートを減らし，ほかのカテゴリーを平均的に拡大している。飲料，菓子類と GM（一般雑貨）はほぼ同じウェートで，常に売れ筋の単品に絞り込み，カテゴリーの数はバラエティ志向型のドラッグに準じて拡大している。
4. ディスカウント志向型 DgS	主力商品は，H&BC ではなくなり，加工食品や GM（一般雑貨）のウェートが高まる。一般医薬品も扱うが，その品目数は極めて少数に限定される。特に，割引率の高い単品，季節の売れ筋などが主体となる。そのため，商品の回転率は高い。

出典：『小売業態革新と顧客満足』(じほう)
出所：『販売士ハンドブック(発展編)』

絞り込んでいる。

イとウ：上表を見てわかるように，「一般用医薬品のウェートを減らし，ほかのカテゴリーを平均的に拡大している」のは便利志向型ドラッグストアである。つまり，便利志向型ドラッグストアのアソートメント特性は，多品種ではあるが，品目は大幅に絞り込んでいること。

　一方，バラエティ志向型ドラッグストアのアソートメント特性は，多品種かつ多品目であること。ワンストップショッピング・ニーズに応え得る商品構成となっており，どのような生活場面にも一応対応できるようになっている。

エ：上表を見てわかるように，前半の記述は正しいが，「ボリュームと単品の多さで品ぞろえのフルライン化を強調している」の箇所が誤り。ディスカウント志向型ドラッグストアのアソートメント特性は，少品種かつ少品目であること。売れ筋を絞り込み，季節商品を中心にどこよりも早く大量に仕入れ，どこよりも早く売り切るという手法である。

オ：バラエティ志向型ドラッグストアは多品種多量販売を追求しているが，便利志向型ドラッグストアは多品種少量販売を行っている。

正解　□ ア 1　□ イ 2　□ ウ 2　□ エ 2　□ オ 2

□ 次のア〜オは，スペシャルティストア（専門小売業態）に求められる専門性に関する事項である。これと関係の深いものを下から選びなさい。

　　ア　価格設定の専門性
　　イ　購買促進政策の専門性
　　ウ　陳列技術の専門性
　　エ　品ぞろえ政策の専門性
　　オ　仕入政策の専門性

①テーマ設定にもとづくわかりやすい商品カテゴリーのグルーピングによる比較選択性の提供
②メーカー, 卸売業とのパートナーリングによる専門カテゴリー・ミックスの強化・充実
③業態コンセプトの明確化によるポジショニング設定
④店内でのイベント企画の実施による顧客の生活向上への寄与
⑤季節商品の提案・訴求による専門カテゴリーの需要創造
⑥継続的購買を促進する経済性の追求によるバリューの提供
⑦専門カテゴリーの拡大化と単品ミックスによる専門的バラエティ性の強化
⑧H&BC スペシャリストの養成による，スペシャリストによるカウンセリングの強化

POINT!!　解説　

　　上問と類似した問題が第 36 回販売士検定試験，第 40 回販売士検定試験，第 42 回販売士検定試験で出題された。よって，「専門性」に関する問題は頻出問題の 1 つといえる。
　　第 36 回では，「陳列技術の専門性」「購買促進政策の専門性」「顧客管理の専門性」「店舗政策の専門性」「品ぞろえ政策の専門性」が出題された。第 40 回では，「価格政策の専門性」「仕入政策の専門性」「店舗政策の専門性」「陳列技術

ドラッグストアの戦略的特性

第1章

第2章

第3章

第4章

第5章

模擬テスト

の専門性」「購買促進政策の専門性」が出題された。第42回では，「陳列技術の専門性」「店舗政策の専門性」「品ぞろえ政策の専門性」「購買促進政策の専門性」「顧客管理の専門性」が出題された。

表　成長のための8つの専門性

①店舗政策の専門性	業態コンセプトの明確化によるH&BCオペレーターとしてのポジショニング設定
②仕入政策の専門性	メーカー，卸売業とのパートナーリングによるH&BCカテゴリー・ミックスの強化・充実
③価格設定の専門性	継続的購買を促進する経済性の追求によるバリューの提供
④品ぞろえ政策の専門性	H&BCカテゴリーの拡大化と単品ミックスによる専門的バラエティ性の強化
⑤顧客管理の専門性	H&BCスペシャリストの養成による顧客満足度の向上を目指したカウンセリングの強化
⑥購買促進政策の専門性	店内でのイベント企画の実施による地域の健康と美的生活向上への寄与
⑦売場演出の専門性	季節商品の提案・訴求によるH&BCカテゴリーの需要創造
⑧陳列技術の専門性	テーマ設定にもとづくわかりやすいグルーピングによる比較選択性の提供と利益の追求

出所：『販売士ハンドブック（発展編）』

　問題文の③は「店舗政策の専門性」，⑤は「売場演出の専門性」，⑧は「顧客管理の専門性」に関する記述である。

　なお，ドラッグストアが成長していくためには，上表の「8つの専門性」を均質的に強化することが必要となる。「均質的」とは，どの専門性も同等にということ。

　ドラッグストア業界では，H&BCカテゴリーの専門性をさらに強化する必要から，「健康アドバイザー」や「ビューティスタッフ」といったスペシャリストを養成するドラッグストアが多くなっている。また，重点商品を納得のうえで購入してもらうため，「ヘルスアドバイザー」や「ビューティーアドバイザー」を置いている大手ドラッグストアチェーンもある。

正解　□ ア⑥　□ イ④　□ ウ①　□ エ⑦　□ オ②

□ 次のア〜オについて，正しいものには1を，誤っているものには2を記入しなさい。

ア コンビニエンスストアの店舗運営方法は多品種少量在庫運営であり，これは同一品種内の品目数を絞り込むことと単品の在庫量を減らすことである。

イ 一般の小売店やスーパーマーケットなどのように素材を売るのではなく，おでんや惣菜などの完成品（ファストフード）を売っていることが流通効用の水準を高めたといえる。

ウ 多頻度少量配送はコンビニエンスストアの店頭で在庫を圧縮する効果は大きいが，商品供給業者の物流コストを増加させる原因ともなっている。

エ 簡便食を中心とする新たな生活必需品分野の開拓によってコンビニエンスストアは顧客に流通効用をもたらしたが，この高度なシステムを構築するのに費やした高コストの回収は低価格販売という方法でなされている。

オ コンビニエンスストアは，これまでにコピー，ファックス，宅配便取次ぎ，公共料金の収納代行，ATMの設置，チケット購入などさまざまなサービスを商品化することにより，顧客に便利さというベネフィットを提供してきている。

POINT!! 解説

ア：ハンドブックには，コンビニエンスストアのシステム経営の主要機能として，次の2つが挙げられている。

　○多品種少量在庫運営

　○多頻度少量配送

　「多品種少量在庫運営」とは，同一品種内の品目数を絞り込むことと，単品の在庫数量を減らすことである。

　「同一品種内の品目数を絞り込むこと」は，品ぞろえの豊富さという面で顧客満足を低下させることになるが，これをあえて実行したのがコンビニの特徴の1つである。

　一方，「単品の在庫量を減らすこと」は，品目ごとの発注量を抑制することを可能にするが，反面，欠品が生じやすくなる。欠品を防ぐにはリードタイムの短縮が必要となる。つまり，多品種少量在庫の運営を実現するためには，リードタイムの短縮が前提となる。「多頻度少量配送」は，リードタイムの短縮を実現するものである。

イ：コンビニエンスストアの場合，顧客情報をベースに緻密なデータと分析ノウハウの蓄積により，これを武器にメーカーの段階に入り込み，弁当類をはじめとして，消費者のニーズにかなう多くのファストフードを創出してきた。

ウ：多頻度少量配送が商品供給業者の物流コストを増加させることは否定できない。この物流コストの増加を他の分野での合理化などによりカバーし，多頻度少量配送を実現したところに今日のコンビニの繁栄がある。

エ：低価格販売ではなく，定価販売が行われている。システムを構築するのに多額のコストがかかっているところに低価格販売を実施すると，コストの回収は難しくなる。

　なお，定価販売を実施しているので，弁当などが売れ残る可能性が生じても，基本的に安売り販売しないことになっている。

オ：これらの多様なサービスを商品化することにより，現在，コンビニエンスストアは金融機関，郵便局，行政機関などの地域における公的拠点の機能を補完しつつある。

正解　□ ア 1　□ イ 1　□ ウ 1　□ エ 2　□ オ 1

第1章

第2章

第3章

第4章

第5章

模擬テスト

コンビニエンスストアの戦略的特性（2）

□ 次の文中の〔　　〕の部分に，下記の語群のうち最も適当なものを選びなさい。

　　従来，小売業は〔ア〕の大きさに発注量を合わせざるを得なかった。〔イ〕の実現には，物流コストの増加という壁を打破しなければならない。そこで，新たな流通革新が求められる。たとえば，メーカーの〔ア〕の小口化，卸売業の集約化，異分野商品の統合納品（〔ウ〕），そしてコンビニエンスストア側では〔エ〕の出店戦略やEOS発注，納品業務の計画化などである。

　　すなわち，〔イ〕の推進には，新たな流通革新として生配販三層の〔オ〕という組織戦略が必要とされたのである。その先駆者がCVSシステムを構築した小売業態であった。

〈語　群〉
①共同配送　　②納品代行　　③コラボレーション
④売上高　　　⑤生産ロット　⑥大型拠点型
⑦多頻度少量配送　　⑧ジャスト・イン・タイム
⑨エリアドミナント　⑩アウトソーシング

POINT!! ▶ 解説

　　上文は，コンビニエンスストアの特徴の1つである「多頻度少量配送の実現」に関する記述である。

　　多頻度少量配送を実現するには，まず生産ロットの小口化が必要となる。卸売業と小売業での取引単位はメーカーの出荷単位で行われるので，少量配送（小口配送）の前提として，生産ロットの小口化が不可欠となる。

　　多頻度少量配送は物流コストの増加を伴う。しかし，物流コストを増やすわけにはいかないので，卸売業の集約化，共同配送が必要となる。また，コンビニエンスストア側からも物流コストの抑制のため，エリアドミナントの出店戦略などがとられることになる。つまり，多頻度少量配送の実現には，生配販三層のコラボレーション（協働化）が必要であったということ。

正解　□ ア⑤　□ イ⑦　□ ウ①　□ エ⑨　□ オ③

実力養成 問題 スーパーセンターの戦略的特性 (1)

□ 次のア〜オは，スーパーセンターに関する記述である。正しいも
のには1を，誤っているものには2を記入しなさい。

ア　スーパーセンターの特徴は，ルーラルエリアに立地し，平屋建
　　てワンフロアの広大な店舗を用いて，衣食住フルラインの幅広い
　　品ぞろえを提供することである。

イ　スーパーセンターは，ディスカウントストアにスーパーマー
　　ケットを組み合わせた形態ともいえるもので，その運営の特徴は
　　ハイ・ロー政策という価格政策にある。

ウ　スーパーセンターはルーラルに立地することで，そこを起点に
　　新広域商圏を形成し，都市部や郊外へ流出している購買層を郡部
　　につなぎ止める役割を果たすものである。

エ　スーパーセンターは，日常生活に必要なあらゆる商品が，その
　　商圏内小売業の中で最も多く，かつ，どこよりも低い価格で，ワ
　　ンストップショッピングできることをねらいとした業態である。

オ　商品カテゴリー別の業態間競争が激化している今日，スーパー
　　センターが市場シェアを拡大するには，顧客1人当たりの買上点
　　数を高めることが不可欠となる。

POINT!! 》解説

ア：ハンドブックでは，アメリカのスーパーセンターは次のような特徴を持っ
　　た店舗形態であるとしている。

- ・ルーラル(過疎地)立地に平屋ワンフロア構造で 10,000㎡超の売場面
　積
- ・衣食住フルライン(試験に出た!)構成による日常生活必需品のトータル・
　アソートメント
- ・サバーブ(郊外)立地の周辺取り込みによる新広域商圏創造型の店舗形
　態
- ・ローコストオペレーション・システム(試験に出た!)による絶対的低価
　格の実現

スーパーセンターについてはキーワードがいくつかあるが，まずは「ルーラル立地」「平屋建てワンフロア」「衣食住フルライン」「絶対的低価格」を覚えておこう。

イ：「絶対的低価格」からわかるように，スーパーセンターの価格政策はEDLP（エブリディ・ロープライス）を採用している(試験に出た!)。なお，「スーパーセンターは，ディスカウントストアにスーパーマーケットを組み合わせた形態ともいえる」という記述は正しい。ディスカウントストアとは，生鮮食料品以外の生活用品を総合的に扱い，低価格販売を行う小売業態をいう。

　なお，アメリカのウォルマートが開発したスーパーセンターは急速な勢いで拡大し，いまやディスカウントストアに代わる主力業態に位置づけられている。

ウ：次図「スーパーセンターの立地創造」を見てみよう。スーパーセンターは都市部を中心とした広域大商圏の郡部（3次商圏）に出店し(試験に出た!)，郡部（3次商圏），郡部（4次商圏），郡部（2次商圏）を商圏とすることで，新広域商圏を形成するものである。また，広域大商圏を形成することで，都市部や郊外へ流出していた購買層を郡部につなぎ止めることになる。

エ：スーパーセンターは新しい業態である。そうした新しい小売業態が新たな商圏を創造するためには，既存の商圏を解体できるような市場シェア剥奪能力に優れた革新的業態でなければならない。

　ハンドブックでは，ルーラルといわれるエリアにおいて日常的需要(試験に出た!)に対応した店舗運営を行うには，次のような条件が必要であるとしている。

　　①日常生活を担う衣食住健美という分野における必需品のフルライン化
　　②重要カテゴリーにおける多品目構成
　　③あらゆる商品の恒常的超低価格化

オ：買上点数を経営指標に定める小売業はほとんどないが，スーパーセンターの本質は買上点数の増加にある。スーパーセンターの場合，従来型の小売業に比べ粗利益率を低く抑えているので，十分な利益を確保するためには買上点数の増加が不可欠となる。

図　スーパーセンターの立地創造

(a)サバーブ商圏の一般的な構造

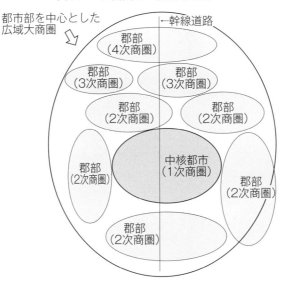

(b)スーパーセンターの出店による商圏外郭部の分断
（商圏分割による新商圏の独立）

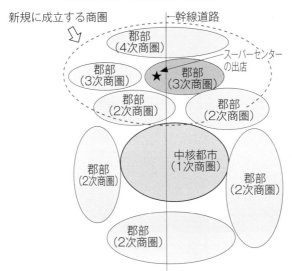

出典：『季刊イズミヤ総研』（第55号）イズミヤ総研
出所：『販売士ハンドブック（発展編）』

スーパーセンターの戦略的特性 (2)

□ 次の文中の〔　　〕の部分に，下記の語群のうち最も適当なもの
を選びなさい。

　　スーパーセンターの立地創造は，既存の広域化した商圏の外縁
部を中心にメスをふるい，そこを起点として新たな広域商圏を形
成することをねらいとする。

　　たとえば，都市郊外に形成された広域的な〔ア〕商圏を起点に
スーパーセンターを出店させ，郡部からの〔イ〕の流出に歯止めを
かけると同時に，ほかの郡部である2次商圏や〔ウ〕商圏からの流
入を促すことである。要するに，既存の都市商圏の〔ア〕商圏以遠
を分断させ，新しい商圏として独立・形成させる。これがスーパー
センターの基本的機能である。

　　この立地戦略は，すでに〔エ〕などがショッピングセンター構想
の一環として実行してきたことである。しかし，そうした村おこ
し構想と呼ぶような巨大SCの建設には，〔オ〕による制約，地元
との協議・調整，開発許可に要する時間，そして莫大な投資など
を必要とする。そのため，全国各地での新商圏を形成するには長
期的視点が必要となる。したがって，人口の希少なルーラル（過
疎地）において新広域商圏を形成し，都市部への〔イ〕の流出に歯
止めをかけられる店舗形態は，スーパーセンターが最有力といえ
るのである。

〈語　群〉
①1次　　　　②大店法　　　　③3次　　　　④4次
⑤専門店　　　⑥百貨店　　　　⑦大店立地法　　⑧購買需要
⑨生産年齢人口　⑩スーパーストア

POINT!! 解説

　　前ページの図「スーパーセンターの立地創造」を参照してもらいたい。なお，
大店法は「大規模小売店舗法」の略称で，2000年6月に廃止された。大店立
地法は「大規模小売店舗立地法」の略称で，.2000年6月に施行された。

正解　□ ア③　□ イ⑧　□ ウ④　□ エ⑩　□ オ⑦

記述式穴埋問題（2）　キーワードは**これだ！**

次の各問の〔　　〕の部分にあてはまる最も適当な語句・短文を記入しなさい。

① 〔　　〕の領域の商品政策は，家具店，インテリア・リビング館，HC，ディスカウントストア（DS），専門店，百貨店が各々の切り口で展開しているが，この領域はいまだに専門の小売業態が確立していない。

② 近年，家事関連需要商品は〔　　〕商品などと呼ばれ，業種的発想の日用雑貨品の範囲を超えた広がりをみせている。しかし，小売業の取扱い状況からみると，依然として未成熟のマーケットであり，ホームセンターが果敢に取り扱うべき商品群といえる。

③ アソートメント特性からみたドラッグストアの基本類型は4つある。これらのうち，〔　ア　〕は専門性の強い商品を少品種，少量品目で構成している。また，〔　イ　〕は多品種であるが，品目は大幅に絞り込み，売れ筋の単品のみをそろえている。

ア	イ

④ 〔　ア　〕とは，専門小売業態のことをいう。現在，ドラッグストアの中にはサンドリーストア（雑貨店）と化したドラッグストアも少なくないが，ドラッグストアは本来，〔　イ　〕を提案する〔　ア　〕である。

ア	イ

⑤ コンビニエンスストアの便利性として,「〔　　〕にコンビニエンスストアがあること」,「店舗がコンパクトにつくられているので, 〔　　〕すむこと」などが挙げられている。

ア	イ

⑥ コンビニエンスストア経営の特徴の１つが〔　　〕運営であるが, これを可能にしているのがリードタイムを短縮した商品供給システムの構築である。

⑦ CVS システムが創出した流通面における効用を商品の側面からみると, CVS 本部が顧客情報にもとづき, 〔　　〕の段階にまで入り込んだことで, メーカーの生産する商品と消費者の望む商品のギャップを大幅に縮小したことが挙げられる。

⑧ 従来型小売業の商品政策の基本は, アイテム数を限定し, できるだけ高めの粗利益率を設定することなどにある。これに対し, スーパーセンターの商品政策は, アイテム数をできるだけ多くし, 〔　　〕化させることにある。

⑨ スーパーセンターが形成する新広域商圏は, 都市圏を中心とした広域大商圏の郡部（３次商圏）, 郡部（４次商圏）, 郡部（２次商圏）を対象としたものである。出店は〔　ア　〕でなされることが多く, ここを起点に３次商圏, ４次商圏, ２次商圏に住んでいる消費者を対象に〔　イ　〕による EDLP と〔　ウ　〕の利便性が提供される。

ア	イ

ウ

⑩　百貨店や専門店などでアップスケール化をねらった〔　　〕機能については，ある程度充実した商品政策がとられているが，ホームという日常生活面における商品カテゴリーの企画・提案については，専門性とサービス力の面で満足できる小売業態がほとんど見当たらないのが現状である。

⑪　ドラッグストアが成長していくためには8つの専門性を均質的に強化する必要があるが，これらのうち〔　　〕の専門性とは，H&BCスペシャリストの養成により顧客満足度の向上を目指す，カウンセリングの強化のことである。

⑫　アメリカのスーパーセンターの特徴は，ルーラル（過疎地）立地に，〔　ア　〕構造で，売場面積が〔　イ　〕㎡を超えること，などである。

①ホームファーニシング

　解説　ハンドブックは，ホームファーニシング(Home Furnishing)について，「生活全般にかかわる家具や住居設備などをトータルコーディネートして取り付けること」と述べている。

②ハウスキーピング

　解説　これに関して，ハンドブックは，「ハウスキーピングにくくられる家事関連需要領域に位置づけられる商品カテゴリーは，単なる効率化の追求だけで単品を絞り込むと需要の創造ができなくなる。この領域の単品は絞り込まずに，機能や用途のグルーピングでの拡大をねらったホームセンターが果敢に取り扱うべき商品群である」と述べている。

③ア−専門志向型ドラッグストア　　イ−便利志向型ドラッグストア

　解説　専門志向型ドラッグストアについては，「少品種，少量品目」の箇所が空欄で出題される可能性も大きいので，覚えておく必要がある。なお，アソートメントの特性について記述する場合，「多品種，多量品目」「多品種，少量品目」「少品種，多量品目」「少品種，少量品目」のどれであるかにまず注目すること。

④ア−スペシャルティストア　　イ−健康と美しさ

　解説　今後，ドラッグストアとして生き残り，成長していくためには，スペシャルティストアとして特化する必要がある。なお，「ドラッグストアは本来，健康と美しさを提案するスペシャルティストアである」という文は覚えておくとよい。

⑤ア−自宅の近く　　イ−買物時間が短くて

　解説　これらのほかに，次の４つが挙げられる。

　　・買いたい商品がほとんどあり，品切れが少ないこと。
　　・店の規模の割には，品ぞろえが豊富であること。
　　・商品配置がわかりやすいこと。
　　・24時間営業なので，深夜でも買物ができること。
　　下図「コンビニエンスストアの便利性」を参照にしてもらいたい。

図　コンビニエンスストアの便利性

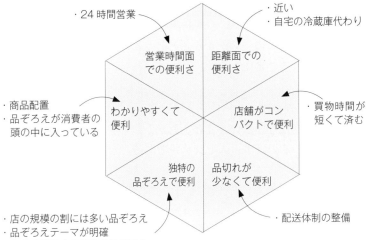

・24時間営業

・近い
・自宅の冷蔵庫代わり

営業時間面
での便利さ

距離面での
便利さ

・商品配置
・品ぞろえが消費者の
　頭の中に入っている

わかりやすくて
便利

店舗がコン
パクトで便利

・買物時間が
　短くて済む

独特の
品ぞろえで便利

品切れが
少なくて便利

・店の規模の割には多い品ぞろえ
・品ぞろえテーマが明確
・今すぐ消費する商品の品ぞろえ
・ファストフードの強化

・配送体制の整備

出典：『図説　小売マネジメント』（晃洋書房）
出所：『販売士ハンドブック（発展編）』

⑥多品種少量在庫

解説 コンビニエンスストア経営の特徴といえば，多品種少量在庫運営と多頻度少量配送である。これらの用語は丸覚えしておく必要がある。

⑦商品開発においてメーカー

解説 ここの空欄は重要用語，頻出用語を丸覚えしておくだけでは対応が難しい。空欄の後に，「メーカーの生産する商品と……」と書いてあるので，空欄に「メーカー」が入るのはわかるが，それだけでは文がつながらない。空欄の前の「顧客情報にもとづき」を足がかりに，「商品開発」という用語を考える。

⑧超低価格を恒常

解説 この場合，〔　　〕化の「化」がポイント。「〜化」といえば「恒常化」が浮かぶことになる。「恒常化」の関連用語といえば「超低価格」であるので，「超低価格を恒常」となる。

⑨ア－３次商圏　　イ－ローコストオペレーション

ウ－ワンストップショッピング

解説 スーパーセンターが新広域商圏を形成することで，都市部へ流出していた購買需要に歯止めがかかるとともに，郡部における潜在的需要が掘り起こされることになる。

⑩デコレーション

解説 つまり，現段階では，ホームデコレーションの領域をカバーできている小売業態はないということ。しかし，ハンドブックでは，これに最も接近しているのはホームセンターである，と述べている。

⑪顧客管理

解説 「成長のための専門性が８つ」もあり，これらを一気に覚えるのは大変なので，工夫しながら，コツコツ覚えるのがよいだろう。

⑫ア－平屋ワンフロア　　イ－ 10,000

解説 このほかの特徴は，「衣食住フルライン構成による日常生活必需品のトータル・アソートメント」などである。"衣食住フルライン構成"と"トータル・アソートメント"の箇所は空欄が設けられる可能性があるので，覚えておこう。

チェーンストアの戦略概論

第4章

□ 次の文中の〔　　〕の部分に，下記の語群のうち最も適当なものを選びなさい。

- チェーン方式では，商品の〔ア〕もチェーン本部で一括して行うことで規模の経済性が追求される。一方，各店舗では詳細，かつ厳密なマニュアルにもとづいて〔イ〕業務を主体的に行う。

- チェーン方式では，店舗の複数化（連鎖化）だけでなく，本部機能と店舗の業務のあり方も特徴的なものとなっており，この点も含めて〔ウ〕とも表現される。チェーン方式ないし〔ウ〕による複数店舗経営がチェーンストア経営である。

- チェーンストアは画一化された店舗で，統一化された品ぞろえやサービスを，〔エ〕されたオペレーションで提供していくことを原則としている。

- チェーンストアは〔オ〕による全店共通の品ぞろえや販売政策を基本としており、各店舗が立地する地域の消費者ニーズへの対応が難しく，きめ細かなマーチャンダイジングが阻害されるケースも生じている。

〈語　群〉

①単純化 ②補充 ③販売

④セントラルバイング・システム ⑤仕入

⑥エリアドミナント ⑦標準化 ⑧保管

⑨チェーンオペレーション ⑩ローコストオペレーション

POINT!! 解説

アとイ：ハンドブックは，チェーン方式について，「チェーン本部が中心となっ
て店舗の複数化（連鎖化）を進める運営システムである」と述べている。

また，チェーン方式の特徴について，「チェーン本部とチェーンの各店
舗との間に明確な機能分化，機能分担が存在する点にあるといえる。チェー
ン本部には，たとえば，店舗開発・店舗設計，立地選定・出店戦略，シス
テム構築，商品政策，価格政策などの決定といった戦略的，かつ，管理的
な意思決定が集中している」と述べている。

アには，「仕入」，イには「販売」が入ることになる。つまり，チェーンス
トアでは，各店舗は「販売」を主として担当していて，それ以外の業務はす
べて本部が担当している。

ウ：2級のハンドブックでは，「チェーンオペレーションとは，チェーンス
トアの全店舗の経営活動を標準化し，本部による徹底した集中型管理運営
にもとづいた多店舗を可能にすることである。この意味では，流通業界の
科学的管理システムともいわれている」と記述している。

エ：「標準化」が入る。チェーンストアといえば，まずは"標準化"と覚えて
おこう。"標準化"を実現することによって，店舗の複数化（連鎖化）がは
じめて可能となる。また，チェーンストアおいては，「標準化」のほかに，「画
一化」「統一化」という用語もよく登場するので覚えておくとよい。

オ：「セントラルバイング・システム」が入る。ハンドブックは，セントラル
バイング・システム（Central Buying System）について，「中央集中仕入方
式と訳される。複数の店舗で販売する商品の全部または一部を本部で一括
仕入する方式のこと。多店舗化したチェーンストアが採用し，仕入コスト
の引下げなどをねらいとしている」と述べている。

なお，チェーンオペレーションの場合，近年，各店舗で地域の消費者ニー
ズに対応できないとの事態が発生していることから，この対応が大きな課
題となっている。

第1章

第2章

第3章

第4章

第5章

模擬テスト

正解　□ ア ⑤　□ イ ③　□ ウ ⑨　□ エ ⑦　□ オ ④

□ 次の文中の〔　　〕の部分に，下記の語群のうち最も適当なもの
を選びなさい。

　　チェーンストア理論を端的にいえば，〔ア〕の画一化，〔イ〕の統
一化，〔ウ〕の標準化の原則に従い，多数の〔ア〕を鎖状に連結し，
本部がそれを一元管理することによって効率的な経営をするため
の方法論である。

　　これらの原則を前提に，本来なら各店舗が行う仕入や販促企画
などの業務を本部が一括して担当し，各店舗は本部の指導のもと，
本来の〔エ〕業務に特化することで全体の効率を高める運営方法が
〔オ〕である。

〈語　群〉
①オペレーション　　②発注　　　　③ディスプレイ
④マネージメント　　⑤ロジスティクス　　⑥店舗
⑦チェーンオペレーション　　⑧フロアゾーニング
⑨販売　　　　　　⑩品ぞろえ

POINT!! ▶ 解説 ≫≫

　　ハンドブックでは，3つの標準化について，次のように記述している。

★店舗の画一化……店舗の立地，商圏，規模，内外装と仕様，顧客導線およ
　びフロアゾーニング，フロアレイアウトなどを画一化することで，店舗
　開発と店舗運営にかかわるコストを削減するとともに迅速な多店舗の出
　店および運営を可能とする。

★品ぞろえの統一化……地域性や個々の店舗の事情を考慮に入れたうえで，
　各店舗の大部分の品ぞろえを統一化することで，本部一括大量仕入によ
　るバイングパワーを高め，各店舗への商品の効率的配分を実現する。

★オペレーションの標準化……店舗の運営システム，従業員の役割，具体的
　作業などを「マニュアル」によって標準化するとともに，スーパーバイ
　ザーの派遣などにより各店舗を画一的に稼働させる。

正　解　□ ア ⑥　□ イ ⑩　□ ウ ①　□ エ ⑨　□ オ ⑦

実力養成問題　チェーンストアのオペレーション特性 (2)

□ 次の文中の〔　〕の部分に，下記の語群のうち最も適当なものを選びなさい。

　　チェーンオペレーションのメリットとしては，販売機能の分散による〔ア〕，本部集中仕入による〔イ〕，マニュアル化による〔ウ〕，本部への機能集中による〔エ〕，フラットな組織による迅速な意思決定などをあげることができる。一方，デメリットとしては，市場の変化への対応力の不十分さ，地域特性に対する対応力の不十分さ，オペレーションの〔オ〕，現場社員のモラルの低下などをあげることができる。

〈語　群〉
①コスト削減　　　　②収益力の向上
③経常利益の増大　　④営業力の強化
⑤事業規模の拡大　　⑥店舗数の増大
⑦システム化　　　　⑧原価の低減
⑨硬直化　　　　　　⑩専門力の強化

POINT!! 解説

ア：「販売機能の分散」とは，各店舗で商品を販売していることをいう。これにより，事業規模を拡大することができる。

イ：本部集中仕入を行うと，仕入価格を引き下げることができる。仕入価格の低下は収益力の向上をもたらす。

ウ：マニュアル化を行うと効率がアップするので，いろいろな面でコスト削減を実現できる。

エ：本部への機能を集中すると仕入や販促企画などの業務を本部が一括して行うことになるため，本部の従業員はこれらの分野で専門的知識等の蓄積がなされ，専門力が強化することになる。

オ：チェーンオペレーションが恒常化するとマンネリ化が進み，オペレーションの硬直化が生じることになる。

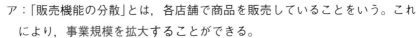

正解　□ ア⑤　□ イ②　□ ウ①　□ エ⑩　□ オ⑨

□ 次の文中の〔　〕の部分に，下記の語群のうち最も適当なものを選びなさい。

　　スーパーマーケットやコンビニエンスストアなどの店舗形態がチェーンオペレーションによって多店舗展開されてきた理由は，商品構成が〔ア〕化した場合に単一店舗でその品ぞろえを実施しようとすると，1〔イ〕当たりの仕入ロットが小さくなり，〔ウ〕型仕入のデメリットが顕在化するのを抑制するためである。多店舗化によって，1〔イ〕ごとの仕入数量を大規模化するような〔エ〕機能をチェーンストア自らが持つほうが効率的となる。このように，チェーンオペレーションは，本部に一括仕入機能を集中させることによって，多数の店舗を組織的に統合し，さらに専門的な管理と標準化された運営システムのもとで戦略が展開される運営方法である。したがって，チェーンオペレーションは，本質的には〔オ〕機能と〔エ〕機能との統合と分業によって展開されるシステムといえる。

〈語　群〉

①品目　　　　②多品目　　　③フロー　　　　④品種
⑤多品種　　　⑥卸売　　　　⑦ストック　　　⑧多品目少量
⑨小売　　　　⑩多品種少量

POINT!! 　解説

　上文のポイントは，「チェーンオペレーションは，本質的には小売（セールス）機能と卸売（アソートメント）機能との統合と分業によって展開されるといえる」というものである。記述式穴埋問題や択一式穴埋問題では，上記のような文の一部を抜き出し，その一部を空欄にして問題が作成されることが多い。よって，「多品種少量」などの用語は確実に覚えておくとよい。

　ここでいう卸売（アソートメント）機能とは，本部が一括して大量に仕入れ，各店舗に卸しているという意味であり，小売（セールス）機能とは，各店舗が消費者に商品を販売していることをいう。

正解　□ ア ⑤　□ イ ①　□ ウ ⑩　□ エ ⑥　□ オ ⑨

実力養成問題 チェーンストアのオペレーション特性（4）

□ 次の文中の〔　　〕の部分に，下記の語群のうち最も適当なもの
を選びなさい。

　　チェーンオペレーションのその他のメリットとして，〔ア〕導入
によって物流システムの効率化がある。チェーンオペレーションの
もとで展開される〔ア〕の目標は，〔イ〕を稼働させて個々の大量輸
送（単品大量輸送）と，そこから店舗の品ぞろえに合わせた個別品
ぞろえ配送とを効率的，かつ，効果的に結節できるシステムの構
築にある。
　　一般に，〔イ〕までの単品大量輸送においては，〔ウ〕が追求され
る。そして，〔イ〕から店舗までの個別品ぞろえ配送においては，
〔エ〕型の〔オ〕物流システムによる配送をいかに効率化するかが重
要となる。

〈語　群〉
①多品種少量　　　②物流企業　　　③戦略経営
④ロジスティクス　⑤多量少品種　　⑥規模の効率性
⑦ジャストインタイム　⑧流通センター　⑨多頻度
⑩サプライチェーンマネジメント

POINT!! 解説

　　上文は，チェーンオペレーションのメリットは販売機能の分散による事業
規模の拡大などがあるが，この他のメリットとしてロジスティクス導入によ
る物流システムの効率化がある，というものである。
　　ロジスティクス導入による物流システムにおいては，流通センターまでの
単品大量輸送では規模の効率性が追求され，流通センターから店舗までの個
別品ぞろえ配送では多品種少量型のジャストインタイム物流システムによる
配送の効率化が重要となる，というものである。

正解　□ ア④　□ イ⑧　□ ウ⑥　□ エ①　□ オ⑦

□ 次の文中の〔　　〕の部分に，下記の語群のうち最も適当なもの
を選びなさい。

　　従来からチェーンストアの多くは，〔ア〕と粗利益だけを管理し
　ていたといえる。かつてのように，仕入れた商品を店頭に並べる
　だけで売れていた時代には，本部は〔イ〕によって仕入コストを引
　き下げ，それら商品を各店舗へ送り込み，その〔ア〕と粗利益を管
　理しておけば経営が成り立った。つまり，それは，本部の〔ウ〕が
　仕入原価や〔エ〕を集中的にコントロールすることによって，結果
　的に〔ア〕と利益を調整していたのであり，各店舗においては特に
　利益や〔オ〕までを細かくコントロールする必要はなかった。

〈語　群〉
①値入　　　　　　②売上高　　　　　③商品ロス
④営業利益　　　　⑤ローコストオペレーション
⑥スーパーバイザー　⑦商品棚卸高　　⑧一括集中仕入
⑨バイヤー　　　　⑩経費

POINT!! ▶ 解説

　　上文の要旨は，「仕入れた商品を店頭に並べるだけで商品が売れていた時
代には，本部は一括集中仕入によって仕入コストを引き下げ，それらの商品
を各店舗に送り込むことで，経営が成り立つほどの売上高と粗利益を確保す
ることができた」ということ。

　　しかし今日においては，消費の低迷に加え，人件費などの上昇による高コ
スト経営を余儀なくされているため，各店舗とも，売上高と利益のすべてを
自主的に管理，調整しなければならなくなっている。つまり，チェーンスト
アの本部は従来のように売上高，利益，諸経費の使い方などを一律に指示す
ることが難しくなっている。

正解　□ ア② 　□ イ⑧ 　□ ウ⑨ 　□ エ① 　□ オ⑩

実力養成問題　チェーンストアの戦略的マネジメントシステム (2)

□ 次の文中の〔　〕の部分に，下記の語群のうち最も適当なものを選びなさい。

　日本のチェーンストアは，〔ア〕された店舗を短期間に数多く出店することを競い合い，その中から最低限の利益を得ることを目指してきたといえる。地域に根ざしたきめ細かなマーケティング活動を展開しなくてもモノが売れた時代は，店舗の〔ア〕と適正〔イ〕の確保がすべてだったといっても過言ではない。

　このように，〔ウ〕のみを重視する時代は，チェーンストアの経営を個々の店舗で考えないことに意義があった。ところが，今日では，チェーンストアといえども個々の店舗において〔エ〕の特性とそこで活動する消費者のニーズを十分にくみ取り，従業員の知恵を結集して魅力的な品ぞろえや販売促進策，そして利益計画などを企画し，実践し，調整していかなければならない。地域の〔オ〕活動を強化することが重要となってきているのである。まさに，リテールマーケティングの展開である。

〈語群〉
①実績　　②来店客数　　③管理
④エリア　⑤画一化　　　⑥需要創造
⑦専門化　⑧立地　　　　⑨効率
⑩買物環境

POINT!! 解説

　上文の要旨は，「地域に根ざしたきめ細かなマーケティング活動を展開しなくてもモノが売れた時代には，チェーンストアの経営において，個々の店舗の販売促進などについて考える必要はなかった。しかし今日においては，個々の店舗においてエリアの特性などを考慮した品ぞろえを行わざるを得なくなった」ということ。つまり，地域の需要創造活動の強化が必要となったということである。

正解　□ ア⑤　□ イ⑧　□ ウ⑨　□ エ④　□ オ⑥

□ 次のア～オは，チェーンストアに求められる数値マネジメントに関する記述である。正しいものには1を，誤っているものには2を記入しなさい。

ア　チェーンストアでは通常，ファンクショナル組織を採用し，店長が縦方向に商品カテゴリーを単位として店舗損益を管理し，本部のバイヤーが横方向に部門損益を管理している。

イ　店長とバイヤーの二重管理で生じた問題は，店舗数が20店舗レベルであれば経営のトップが調整できるが，それ以上の多店舗化が進むと，それぞれの店長とバイヤーの自主判断に任せざるを得なくなる。

ウ　大手のチェーンストアでは，職位別に担当範囲と結果責任を負う範囲を策定しており，店長のそれは「担当部門の企業全体の売上，値入の結果責任と週単位の店舗マネジメント」となっている。

エ　数値マネジメントのためのスキルの1つとして「販売方法別の損益計算」があるが，これは販売方法別に売上高，原価，値入を集計し，最終的に販売方法別の利益額を算出するものである。

オ　販売方法別の損益計算は5つのステップから成るが，これにより毎年のように継続していた施策が見直され，同時に精度が低いデータの発見にもつながり，速やかな改善活動が行われることになる。

POINT!! 解説

ア：チェーンストアでは通常，マトリックス組織を採用している。

★マトリックス組織（Matrix Organization）

ハンドブックでは，「マトリックス組織とは，格子の形状に組織を編成したもの。具体的には，生産，販売，技術，人事などの職能別に分けるファンクショナル組織を横軸とし，製品別や地域別に分ける事業部制を縦軸としてかけ合わせてつくった組織である」と述べている。

なお，「店長が縦方向に商品カテゴリーを単位として店舗損益を管理

し，本部のバイヤーが横方向に部門損益を管理している」という記述は正しい。

イ：その結果，数値責任の所在が不明確になってしまう。そこで必要となるのが，誰が，いつ，何を計画し，誰が，いつ，どんな方法で検証し，対策を打つかという「職位別意思決定プロセスの確立」と「販売方法別損益計算の導入」である。

ウ：ハンドブックでは，職位別の担当範囲と結果責任を負う範囲は次のようになっている。なお，仕入原価と値入を集中的にコントロールしているのは本部のバイヤーなので，「値入の結果責任」といえばバイヤーということになる。

経営トップ……年間の企業全体の売上高と利益

店長……自店の売上高，粗利益，諸経費，各利益の結果責任と月単位の店舗マネジメント

バイヤー……担当部門の企業企体の売上高，値入の結果責任と週単位の店舗マネジメント

売場主任……担当部門の売上高，粗利益，ロスの結果責任と日々の店舗マネジメント

エとオ：ハンドブックでは，販売方法別の損益計算は次の8つのステップで進めていくとしている。

・ステップ1……自店の販売方法の区分を整理する。

・ステップ2……商品カテゴリー別，販売方法別に売上高，原価，値入のデータを1年分収集する。

・ステップ3……POSデータから商品カテゴリー別粗利益データを収集し，EOSデータと照合させてデータの精度を確認する。

・ステップ4……販売方法別の売上高，原価，値入を集計する。

・ステップ5……支払地代や販売・一般管理費，諸経費の配分を売上比で行うものとそうでないものに区分する。

・ステップ6……売上比以外の諸経費の配賦基準を作成する。(例：広告宣伝費→実績比，人件費→工数比など)

・ステップ7……販売方法別に利益計算を行う。

・ステップ8……利益額と売上高の数値，そして現状の施策を評価する。

オの記述については，「5つのステップ」の箇所が誤りで，それ以外の箇所の記述は正しい。

正　解　☐ ア 2　☐ イ 1　☐ ウ 2　☐ エ 1　☐ オ 2

□ 次のア～オは，組織の管理者に求められるリーダーシップに関す
る記述である。正しいものには1を，誤っているものには2を記
入しなさい。

ア　リーダーシップとは，中・長期と短期の目標に至る計画にもと
づき，日々の組織運営を行う機能を担うものである。

イ　リーダーシップを構成する要素の1つに「実行戦略の明示」があ
るが，戦略とはビジョンを実現する目的のために経営資源を有効
利用できるように組織化し，実際に活用することであり，手段で
もある。

ウ　生産性の高度な専門作業になればなるほど，手順書をつくるこ
とが難しくなるが，こうしたときに行う個別のコミュニケーショ
ンと指導をコーチングという。

エ　組織のゴール，価値観は経営環境の変化に対応して短期に変更
する必要があり，これらが不変であると業績は上がらなくなる。

オ　リーダーシップは4つの要素から構成されるが，「実行戦略」は，
「組織のミッションとゴール」と「組織の価値観」にもとづいて，明
示されなければならない。

POINT!! ▶ 解説

ア：組織の管理者に求められるのは，リーダーシップとマネジメントの2つ
である。

　「中・長期と短期の目標に至る計画にもとづき，日々の組織運営を行う
機能を担う」のはマネジメントである。リーダーシップはハンドブックに
よると，「集団の目的を達成するため，集団あるいは構成員を導いていく
影響力」のことである。つまり，リーダーシップは従業員を目的に向かっ
て整列させるものであり，マネジメントは目的に向かう実際の活動である。

　なお，ハンドブックでは，リーダーシップは次の4つの要素から構成さ
れている，としている。

　①組織のミッションとゴールの明示

　　チェーンストアが今後進むべき中・長期的方向（いわゆるゴール）を理念として示すことで，組織（部署）や個人の仕事に使命感などを与えることになる。

②組織の価値観の明示

　　価値観は，仕事の実行で守るべきこと，優先すべきこと，行動の原則などとなって表れることになる。これについて，ハンドブックでは，「今日では，小売業の価値観によって，フォーカスする顧客セグメントの違いと，豊かな生活を実現するうえで不足しているものは何か，顧客の不満足の原因はどこにあるのかについての見方の違いが小売業間で生じている。……自店の顧客層をどこにフォーカスするかは，チェーンストアの価値観から生じる」としている。

③実行戦略の明示

④コーチング

イ：つまり，ビジョンがあって，初めて戦略が意味を持つことになる。したがって，戦略はビジョンの実現のために設定されたとき，効果を発揮することになる。なお，ここでのビジョンとはゴールに到達するための構想といえる。

ウ：どの部署でもそうであるが，作業が専門的，かつ高度化すると，一律な教育や指導では成果が上がりにくいものとなる。つまり，より専門的になると，マニュアルの作成が困難になる。こうしたときの打開策としてコーチングがある。コーチングは，リーダーやマネジャーがチームのメンバーに対して行う動機づけであるとともに，いわゆる個別教育である。

エ：ミッション，ゴール，価値観は小売業にとって長期にわたり不変とすべき要素である。これらが短期的なものであると従業員や部署の仕事に混乱が起こり，よい成果は得られない。

オ：エで述べたように，ミッション，ゴール，価値観は小売業にとって不変であるべき要素であるので，実行戦略はこれらをベースとしたものでなくてはならない。なお，ハンドブックは戦略について，「戦略とは，目標に到達するために利用可能な人材，設備，資本，知識，技術，情報システムなどの経営資源を配置する設計図である」と述べている。

正解 □ア 2　□イ 1　□ウ 1　□エ 2　□オ 1

□ 次のア～オは，組織の管理者に求められるマネジメントに関する記述である。正しいものには1を，誤っているものには2を記入しなさい。

ア　マネジメントの実施にあたっては，年度，四半期，月，週，そして今日の目標を含む時間軸による作業計画と，数値面からの目標利益，コストダウン，生産性向上を含む成果目標を作成することから始める。

イ　マネジメントにおける職務責任の中身は，コミットメント，レスポンシビリティ，アカウンタビリティの3つの要素から構成されている。

ウ　レスポンシビリティとは，チェーンストア全体，専門部署，そして個人の成果目標と成果に向かう作業計画をつくり，それにもとづく作業の実行と成果の達成を契約することである。

エ　レスポンシビリティの結果，作業実行と成果達成の責任が生じる。これをアカウンタビリティというが，実行の過程では，中間で途中成果を解析し報告する。

オ　コミットメントには，部署やチームとしてのコミットメントと，個人としてのコミットメントの2階層がある。管理者は部署やチームを代表して経営トップとコミットメントし，従業員は管理者に対してコミットメントする。

POINT!! 解説

ア：マネジメントの実施にあたっては，作業計画と成果目標を作成することから始めることをしっかり覚えておこう。

イ：コミットメントとは契約，レスポンシビリティとは作業実行と成果達成，アカウンタビリティとは結果の説明責任のことである。

ウとオ：ウはレスポンシビリティではなく，コミットメントが正しい。したがって，コミットメントがなされると，その結果，経営者は報酬を支払う義務が発生し，従業員は報酬を受け取る権利が発生する。

　なお，経営トップ，管理者，従業員の三者の間におけるコミットメントは，管理者が経営トップに対してコミットメントし，従業員は管理者に対してコミットメントするということになる。そして，これらをまとめると，問題文にあるところの「コミットメントとは，チェーンストア全体，専門部署，そして個人の成果目標と成果に向かう作業計画をつくり，それにもとづく作業の実行と成果の達成を契約することである」ということになる。よって，マネジメントの出発点はコミットメントの連続ということになる。

エ：レスポンシビリティではなく，コミットメントが正しい。また，アカウンタビリティではなく，レスポンシビリティが正しい。

　レスポンシビリティでは，従業員は実行の過程で，その成果を管理者に報告し，管理者はそれを分析し，コーチングが必要な場合には，それを行う。よって，レスポンシビリティにおいては，実行の過程において中間で途中成果を解析することになるが，これは目標と成果との差および目標達成の障害を調べるためのものである。なお，ハンドブックによれば，「コーチングには，目標との差異が生じる障害を取り除き，作業方法の変更を含む対策の立案と実行が含まれる」。

　アカウンタビリティとは，結果の説明責任のことである。これは作業方法上の問題や成果達成の障害が発生する原因を慣習，作業，制度の3つの面から分析し，作業方法の改善と制度改革の起案を含むものである。

正解　☐ア1　☐イ1　☐ウ2　☐エ2　☐オ1

キーワードは*これだ*！

> 次の各問の〔　〕の部分にあてはまる最も適当な語句・短文を記入しなさい。

① セントラルバイング・システムとは，〔　〕あるいは本部集中仕入方式といわれるものである。仕入に関する権限を各店舗の商品担当者に与えないで，本部が商品の仕入を一括して行う方式のことをいう。

② 〔　〕とは，本来なら各店舗が行う仕入や販促企画などの業務を本部が一括して担当し，各店舗は本部主導のもと，本来の販売業務に特化することで全体の効率を高める運営方法をいう。

③ チェーンオペレーションのメリットとしては，本部集中仕入による収益力の向上，〔　ア　〕化による作業コストの削減，〔　イ　〕な組織による迅速な意思決定の実現などがある。

ア	イ

④ 〔　ア　〕とは，出荷状況にもとづき，仕入，生産，販売という一連の流れに戦略性をもたせることをいう。戦略性をもたせるということは，必要なものを必要なだけ補充するというもので，生産から販売までのモノの流れを〔　イ　〕することをいう。そのため，輸送のみならず，保管についてもできるだけムダを削減することになる。

ア	イ

⑤ 〔　ア　〕物流システムとは，企業が必要とするモノを，必要な時に，必要な場所へ，必要な〔　イ　〕だけ届けるシステムである。この物流システムは，トヨタ自動車が部品調達のために開発した「カンバン方式」という仕組みを流

通業界に応用したものである。

ア	イ

⑥ 従来の組織形態は，すべて指示・命令の系統という1つの上下関係でとらえたものである。これに対し，〔　　〕組織は2つの軸を使って組織を編成するものである。

⑦ 数値マネジメントの体制を確立するための方法として，〔　ア　〕プロセスの確立がある。これは，経営トップ，店長，〔　イ　〕，売場主任ごとに，担当範囲と結果責任を負う範囲を決めておき，結果が当初計画した基準を下回った場合，原因を調査するというものである。

ア	イ

⑧ 数値マネジメントの体制を確立するための方法として，〔　ア　〕計算の導入がある。これは，定番商品，〔　イ　〕，PB商品など販売方法のタイプごとに利益計算を行うことにより，販売方法を評価し，チェーンストアとしての取り組み方を見直すことをねらいとするものである。

ア	イ

⑨ リーダーシップは次の4つの要素から構成される。第1は，組織の〔　ア　〕とゴール（到達点）を明確に示すこと。第2は，組織の〔　イ　〕を明確に示すこと。第3は，目標を実現するための〔　ウ　〕を明確に示すこと。第4は，個別のコミュニケーションと指導である〔　エ　〕を的確に行うこと。

ア	イ
ウ	エ

⑩　〔　ア　〕と〔　イ　〕は，無目的で混乱に陥る集団を目的と計画をもった組織に移行する基本的要素である。しかし，両者は次の点において根本的に異なる。〔　ア　〕は従業員を目的に向かって整列させるものであり，〔　イ　〕は目的を達成するための実際の活動である。

ア	イ

⑪　マネジメントにおける職務責任の中身は３つの要素から構成される。これらのうち，〔　　〕は組織全体，部署，そして個人の成果目標と，それを達成するための作業計画をつくり，作業の実行と成果の達成を約束することである。

⑫　〔　　〕とは，コミットメントの結果，作業の実行と成果達成の責任が生じることをいう。途中，目標との差異，目標達成の障害を解析し，報告しなければならない。

⑬　〔　　〕とは，結果についての説明責任のこと。これは，慣習，作業，制度の３つの面から分析し，作業の改善と制度の改革のための原案を提起しなくてはならない。

第1章
第2章
第3章
第4章
第5章
模擬テスト

正解＆解説

①中央集中仕入方式

　解説 多店舗展開を行うチェーンストアの場合，各店舗の仕入量を合計すると大量のものとなることから，仕入交渉により仕入コストを大幅に引き下げることができる。

②チェーンオペレーション

　解説 チェーンオペレーションは，流通業界の科学的管理システムともいわれている。

③アーマニュアル　　イーフラット

　解説 記述式穴埋問題の場合，どの箇所が空欄として出題されるか，予想するのが難しいという点がある。たとえば，「マニュアル化による〔　　〕の削減」として出題される可能性もある。

④アーロジスティクス　　イー最適化

　解説 ロジスティクスはもともとは軍事用語であり，作戦計画の際に使用されたものである。よって，ロジスティクスという言葉には"戦略性"という意味があるので，「戦略性」の箇所が空欄として出題される可能性もある。

⑤アージャストインタイム　　イー量

　解説 「ジャストインタイム物流システム」まで記入を求められることもあるので，その点は注意してもらいたい。空欄になる箇所が「量」ではなく，「時」あるいは「場所」の可能性もあるので，ポイントになる箇所は自分でチェックしてもらいたい。

⑥マトリックス

　解説 軸として用いられるものは，職能別，製品別，プロジェクト別などいろいろあるが，これらの中から2つを選び，組み合わせることになる。

⑦アー職位別意思決定　　イーバイヤー

　解説 これも，「職位別意思決定プロセス」まで記入を求められることもある。これも空欄になる箇所が「経営トップ」「店長」「売場主任」「担当責任」「結果責任」の可能性もある。

　なお，結果が当初計画した基準を下回った場合，その原因を調査することになるが，その際，毎日時間帯別に確認すべきこと，毎週確認すべきこと，月に一度確認すべきことを明確にして，確認行動ごと対策アクションを決めるようにすることがポイントである。

⑧ア─販売方法別損益　　　イ─チラシ広告による特売(チラシ特売)

　解説 これも,「販売方法別損益計算」まで記入を求められることもある。これも空欄になる箇所が「定番商品」「PB 商品」「利益計算」の可能性もある。

　　また,販売方法別損益計算を導入することにより,利益算出の過程で商品カテゴリー別販売方法別値入を明確にすることで,本当の粗利益貢献カテゴリーがわかり,さらにバイヤーの施策の評価ができるというメリットがある。

⑨ア─ミッション(使命)　　イ─価値観
　ウ─実行戦略　　　　　　エ─コーチング

　解説 ハンドブックでは,コーチング(Coaching)について,「目標達成に向けて必要な「知識」と「スキル」および「ツール」を装備し,最短の時間で成果が上がるよう継続的にサポートしていく双方向のコミュニケーションプロセスを指す」と述べている。

⑩ア─リーダーシップ　　イ─マネジメント

　解説 「リーダーシップ」と「マネジメント」の違いについては,自分なりに整理しておくとよい。

⑪コミットメント

　解説 マネジメントにおける職務責任の中身は,コミットメント,レスポンシビリティ,アカウンタビリティの3要素から成る。

⑫レスポンシビリティ

　解説 ハンドブックは,レスポンシビリティ(Responsibility)について,「責任や責務と訳される。アカウンタビリティも同じように訳されるが,レスポンシビリティは一般的に義務を遂行する責任という意味で用いられる」と述べている。

⑬アカウンタビリティ

　解説 ハンドブックは,アカウンタビリティ(Accountability)について,「責任や責務と訳される。アカウンタビリティは,利害関係者に対して,業務を遂行した結果を説明する責任という意味で用いられる」と述べている。

商店街とショッピングセンターの戦略的特性

第5章

商店街の活性化戦略（1）

□ 次のア～オは，「令和3 (2021) 年度商店街実態調査（中小企業庁）の
調査結果，商店街の問題点と対応，活性化に向けた取組みに関し
て記述したものである。正しいものには1を，誤っているものに
は2を記入しなさい。

ア　商店街の役割として「期待されていると思うもの」を聞いたとこ
ろ，「地域住民への身近な購買機会の提供」「治安や防犯への寄与」
「地域の賑わいの創出」が上位を占めた。

イ　商店街の役割として「期待に応えられていると思うもの」を聞い
たところ，「地域情報発信の担い手」と「一人暮らし高齢者への宅
配サービス／子育て支援などのサービス」が上位を占めた。

ウ　商店街における問題としては，「店舗等の老朽化」が「経営者の
高齢化による後継者問題」よりも多くなっている。

エ　空き店舗が埋まらない理由をテナント等借り手側の都合でみる
と，「立地条件・交通環境がよくない」が最も多かった。

オ　欧米では，商店街をはじめとする地域マネジメントの取組みと
して，BID 制度が普及しているが，日本でも日本版 BID と呼ば
れる「地域再生エリアマネジメント負担金制度」が2018年6月に
創設された。

POINT!! 解説

「商店街実態調査」(中小企業庁)の調査結果，商店街の問題点と対応などについてはよく出題されるので，チェックしておこう。

図1　商店街の役割

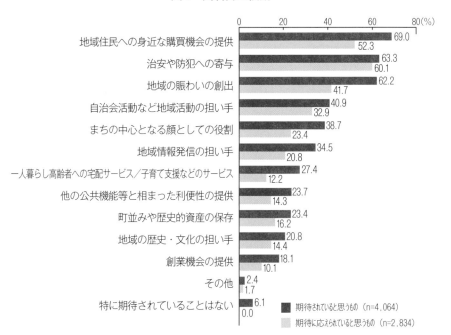

出所：『令和3年度商店街実態調査報告書』(中小企業庁委託)株式会社 CCN グループ

ア：上図は，商店街の役割について，「期待されていると思うもの」(上段)と「期待に応えられていると思うもの」(下段)について，それぞれ聞いたものをヨコ棒グラフで示したものである。

　　「期待されていると思うもの」では，「地域住民への身近な購買機会の提供」が69.0％で最も多く，次いで「治安や防犯への寄与」が63.3％，「地域の賑わいの創出」が62.2％となっている。

イ：「期待に応えられていると思うもの」(下段)では，「治安や防犯への寄与」が60.1％で最も多く，次いで「地域住民への身近な購買機会の提供」が52.3％，「地域の賑わいの創出」が41.7％となっている。

表　商店街における問題の経年変化（上位3つ）

	1位	2位	3位
平成18年度	魅力ある店舗が少ない〔36.9%〕	商店街活動への商業者の参加意識が薄い〔33.4%〕	経営者の高齢化による後継者難〔31.4%〕
平成21年度	経営者の高齢化による後継者難〔51.3%〕	魅力ある店舗が少ない〔42.7%〕	核となる店舗がない〔27.2%〕
平成24年度	経営者の高齢化による後継者問題〔63.0%〕	集客力が高い・話題性のある店舗・業種が少ない又は無い〔37.8%〕	店舗等の老朽化〔32.8%〕
平成27年度	経営者の高齢化による後継者問題〔64.6%〕	集客力が高い・話題性のある店舗・業種が少ない又は無い〔40.7%〕	店舗等の老朽化〔31.6%〕
平成30年度	経営者の高齢化による後継者問題〔64.5%〕	店舗等の老朽化〔38.6%〕	集客力が高い・話題性のある店舗・業種が少ない又は無い〔36.9%〕
令和3年度	経営者の高齢化による後継者問題〔72.7%〕	店舗等の老朽化〔36.4%〕	集客力が高い・話題性のある店舗・業種が少ない又は無い〔30.3%〕

出所：『令和3年度商店街実態調査報告書』(中小企業庁委託)株式会社 CCN グループ

ウ：また，後継者問題の対策についてみると，「対策は講じていない(96.0%)」が大部分を占めており，「研修を実施(2.2%)」「外部から後継者を募集(1.8%)」は少数となっている。

エ：空き店舗が埋まらない理由を地主や家主等貸し手側の都合でみると，「店舗の老朽化(35.2%)」が最も多く，次いで「所有者に貸す意思がない(34.8%)」「家賃の折り合いがつかない(29.2%)」となっている。

　　一方，テナント等借り手側の都合では，「家賃の折り合いがつかない(38.1%)」が最も多く，次いで「商店街に活気・魅力がない(29.7%)」「店舗の老朽化(29.5%)」となっている。「立地条件・交通環境がよくない」は10.3%であった。

　　「図2　空き店舗の発生に対する取組み」を見てもらいたい。空き店舗が商店街の構造的課題の1つになっているにもかかわらず，過半数を超える(58.4%)商店街がこの取組みに「特に関与していない」と回答している。前回調査(平成30年度)と比較して1.4ポイント増加した。

オ：ハンドブックでは，BID (Business Improvement District) について，「地域における良好な環境や地域の価値を維持・向上させるための，住民・事業主・地権者等による主体的な取組みを意味する"エリアマネジメント活動"を支援するため，地区を指定して不動産所有者等に資金の負担を求め，

図2　空き店舗の発生に対する取組み

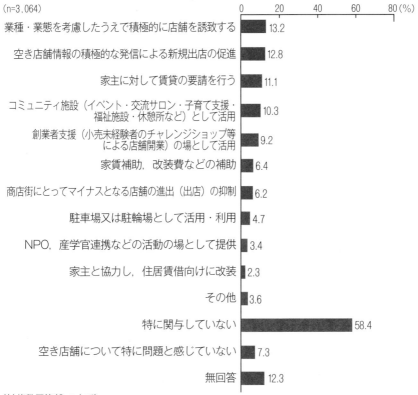

(n=3,064)

取組み	(%)
業種・業態を考慮したうえで積極的に店舗を誘致する	13.2
空き店舗情報の積極的な発信による新規出店の促進	12.8
家主に対して賃貸の要請を行う	11.1
コミュニティ施設（イベント・交流サロン・子育て支援・福祉施設・休憩所など）として活用	10.3
創業者支援（小売未経験者のチャレンジショップ等による店舗開業）の場として活用	9.2
家賃補助，改装費などの補助	6.4
商店街にとってマイナスとなる店舗の進出（出店）の抑制	6.2
駐車場又は駐輪場として活用・利用	4.7
NPO，産学官連携などの活動の場として提供	3.4
家主と協力し，住居賃借向けに改装	2.3
その他	3.6
特に関与していない	58.4
空き店舗について特に問題と感じていない	7.3
無回答	12.3

注）複数回答（3つまで）
出所：『令和3年度商店街実態調査報告書』（中小企業庁委託）株式会社CCNグループ

　　その資金をエリアマネジメント活動を実施する団体等に配分する仕組みのこと。BIDは法令で定められた制度ではなく，地方公共団体などがそれぞれ工夫しながら導入している」と述べている。

　　BID制度とは，エリア全体の価値向上の取組みの1つである。エリア全体の価値向上の取組みは原則，全員の同意が必要であるものの，現実問題としてはそれが困難であるため，費用を負担しない人がその恩恵を受けるということが生まれたことから，日本各地でその手法をめぐってさまざまな組織形態が考えられた。

　　今回成立したBID制度は，エリア対象内で資産所有者や事業者などに対して負担金の支払いを義務付け，行政がその負担金を代理で徴収し，それをエリアマネジメント活動を実施する団体等に配分するというものである。

正　解　☐ ア1　☐ イ2　☐ ウ2　☐ エ2　☐ オ1

135

商店街の活性化戦略（2）

□ 次のア～オは，「平成28年度商店街インバウンド実態調査」にもとづき，全国の商店街における外国人観光客の動向等の実態，商店街における外国人観光客の受け入れ状況などについて記述したものである。正しいものには1を，誤っているものには2を記入しなさい。

ア　来訪する外国人観光客の国籍・地域は中国が最も多く，次いで韓国，台湾の順となっており，アジア圏からの来訪が多くなっている。

イ　外国人観光客受け入れのための取組み（インバウンド事業）の実施状況についてみると，「取組みを行っている」商店街は全体の80％を上回っており，「取組みを行っていない上，今後も実施する予定はない」商店街は3％にも満たない。

ウ　平成27（2015）年4月の制度改正により「手続委託型輸出物品販売場制度」が創設されたことで，販売は通常どおり各店舗で行うが，免税手続きは免税代行事業者に委託し，免税手続カウンターでまとめて行うことができるようになった。

エ　平成31年度の税制改正で「臨時免税店制度」が創設されたことで，免税店を経営する事業者が3か月以内の期間を定めて臨時免税店を設置する場合，届出により免税販売を行うことができるようになった。

オ　商店街独自でインバウンド事業を行っているところは全体の約20％で，多くの商店街では他の機関や団体と連携して事業を実施しており，連携先としては「商工会議所・商工会」が最も多い。

POINT!! 解説

ア：なお，外国人観光客が商店街を訪れる主な理由として，商店街側では，「商店街内または周辺に宿泊施設があるため（46.4％）」「交通利便性が良いため（46.0％）」と回答することが多い。

　また，外国人観光客が商店街で購入する主な商品は，「その他食料品・飲料・酒・たばこ（53.2％）」が最も多く，次いで「菓子類（31.6％）」「医薬品・健康グッズ・トイレタリー（22.3％）」の順になっている。

イ：インバウンド事業の実施状況については，「取組みを行っている」商店街は全体の7.6％にとどまっている。一方，「取組みを行っていない上，今後も実施する予定はない」商店街は69.4％にまで達している。

　これをタイプ別にみると，超広域型商店街の場合，その51.2％が「取組みを行っている」が，近隣型商店街の場合，1.7％である。

ウ：「手続委託型輸出物品販売場制度」が創設されたことで，次の点でも双方にとってメリットとなった。

・商店街やショッピングセンター（SC）など複数店舗が存在する場合，一括カウンターが導入されたことで，店舗側も外国人観光客も，手続きを一回で済ませることができるようになった。

・取扱商品が免税対象金額に満たない店舗でも，他店との合算で免税販売が可能になった。一方，外国人観光客も複数店舗で購入した商品を合算できるので，免税対象金額に届きやすくなった。

エ：「3か月」の箇所が誤りで「7か月」が正しい。これ以外の記述は正しい。

　臨時免税店制度が創設されたことで，地域の祭りや商店街のイベントなどに出店し，容易に免税販売が可能になったことから，新型コロナウイルスの感染が収まれば，外国人観光客を対象とした販売が拡大すると，期待されている。

オ：連携先としては，「行政機関（35.8％）」が最も多く，次いで「商工会議所・商工会（11.9％）」「まちづくり会社・NPO（7.5％）」「近隣の商店街（6.0％）」となっている。

正　解 □ ア 1　□ イ 2　□ ウ 1　□ エ 2　□ オ 2

商店街の活性化戦略（3）

□ 文中の〔　〕の部分に，下記に示すア〜オのそれぞれの語群から最も適当なものを選びなさい。

・商店街への商業機能に対する期待は近年，相対的に低下している。一方，地域の住民やコミュニティは，身近なところでアクセスしやすい商店街に対して，高齢化・少子化，介護・医療に関連した〔ア〕の提供など，商業機能以外の機能を担うことを期待する声が高まっている。

・商店街は，近年の社会的な構造変化や住民のニーズの変化に正面から向き合い，積極的なアクションを起こしていくことが求められている。

　　たとえば，香川県の○×商店街では，「車に依存しない，歩いて事足りる街」をコンセプトに，商業・医療・〔イ〕が一体となった複合施設で在宅医療を提供し，高齢化社会に対応している。

　　また，愛知県の□△商店街では，外国人観光客の増加を踏まえ，JR名古屋駅と名古屋城の中間という，著名な観光名所へのアクセスが良い立地を活かして，商店街内に観光客向けの〔ウ〕を整備した。これは閉店した老舗喫茶店をリニューアルしたもので，再オープン後は外国人観光客と地元住民の交流が生まれ，若年層の集客にもつながった。

・中小企業庁地域経済産業グループでは，商店街を３つのタイプに分類し，それぞれの課題と対応の方向についてまとめている。

　　〔エ〕は都市部の駅前や著名な観光資源の近くに立地し，商業機能のみで十分な来街が期待できる商店街で，域外の潜在来街者の受入体制整備・情報発信などが課題となる。

　　〔オ〕は生活圏の近くに立地し，地域住民のアクセスが容易である商店街で，商業機能に加え，多様な住民ニーズに対応できるマルチな機能の担い手へと変革することなどが課題となる。

第1章

第2章

第3章

第4章

第5章

模擬テスト

〈語　群〉

　ア　1　ボランティア　　　　2　チャリティ
　　　　3　サービス　　　　　　4　アシスト
　イ　1　住居　　　　　　　　2　保育
　　　　3　オフィス　　　　　　4　支援
　ウ　1　ホテル　　　　　　　2　ログハウス
　　　　3　コテージ　　　　　　4　ゲストハウス
　エ　1　単独型　　　　　　　2　複合型
　　　　3　結合型　　　　　　　4　転換型
　オ　1　単独型　　　　　　　2　複合型
　　　　3　結合型　　　　　　　4　転換型

POINT!! ▷ 解説　

ア：この空欄には「サービス」が入る。

　　　ここでのポイントの1つは，「住民の買物を支える商業機能は，かつ
　　ては駅前などの中心市街地に所在する商店街が担ってきた。しかし，郊
　　外の大型商業施設との競争や電子商取引（EU）の普及などにより多くの
　　商店街が衰退することになり，この結果，住民の商店街への商業機能に
　　対する期待は相対的に低下してること」。

　　　もう1つは，「住民の商店街への商業機能に対する期待は相対的に低
　　下しているものの，一方で住民は"医療・介護施設の不足""高齢者支援
　　の不足""保育機能の不足"などの課題に対して，商店街がその解決に中
　　心的な役割を果たしてくれることを期待していること」。

イ：この空欄には「住居」が入る。なぜなら，「商業・医療・〔イ〕が一体となっ
　　た複合施設で"在宅医療"を提供し……」と記述されている。つまり，香
　　川県の○×商店街は，複合施設を建設し，在宅医療を提供することで，
　　商業機能以外の機能を担っているということ。

ウ：この空欄には「ゲストハウス」が入る。なぜなら，「再オープン後は外
　　国人観光客と地元住民の交流が生まれ，若年層の集客にもつながった」
　　と記述されている。ゲストハウスとホテルの違いは，前者は歯ブラシ・
　　シャンプー・タオルなどはなく，食事無しの素泊まり宿であること。また，

表　商店街類型別の課題と対応の方向性

	単独型	複合型	転換型
特徴	都市部の駅前や著名な観光資源の近くに立地し，商業機能のみで十分な来街が期待できる。	生活圏の近くに立地し，地域住民のアクセルが容易である。	過疎化が進む地方に立地し，地域住民の減少に伴い，来街が期待できない。
課題	・来街者の更なる利便性の向上 ・域外の潜在来街者の受入体制整備・情報発信	・地域住民が求める多様なニーズの把握 ・商業機能に加え，多様な住民ニーズに対応できるマルチな機能の担い手へと変革	・少ない住民にとって必要な商業機能を維持するための域外の事業者（アグリゲーター）との広域的な連携
対応の方向性	利便性向上，域外からの来街者の誘客などにより，多様な商業需要を取り込む対応	商業需要以外の多様なサービス需要も取り込む対応	個々の小売業者が連携先事業者を通じて住民に買物の機会を提供する対応

出典：中小企業庁地域経済産業グループ「地域コミュニティにおける商店街に期待される新たな役割と支援のあり方」(令和2年5月19日)　※一部加筆
出所：『販売士ハンドブック（発展編）』

　　ゲストハウスはホテルと異なり，宿泊客同士の交流ができるスペースや，オープンスペースや共有スペースが存在している。

エ：上表から，この空欄には「単独型」が入るとわかる。単独型の特徴は「商業機能のみで十分な来街ができること」，今後の方向性は「多様な商業需要を取り込むこと」である。

オ：上表から，この空欄には「複合型」が入るとわかる。

　　なお，「転換型」の「課題」の欄で出てくる"アグリゲーター（Aggregator）"について，ハンドブックは次のように記述している。

「人材・資材・企業などプロジェクト遂行のために必要とされるすべてを集積し，適所に配置，統制を取る人物・職種を指す。アグリゲート（Aggregate＝集める）が語源となっている。アグリゲーターは，実際にプロジェクトの中核となって動くため，自身もある分野でのエキスパートであることが基本である。」

正解　□ア3　□イ1　□ウ4　□エ1　□オ2

実力養成問題　商店街のマーケティングへの取組み視点（1）

□ 次の文中の〔　　〕の部分に，下記の語群のうち最も適当なものを選びなさい。

・国は，地域の活力の再生を総合的，かつ，効果的に推進するために〔ア〕を改正し，2018年6月施行した。このときの改正点の1つに，商店街活性化促進事業の創設がある。

・〔イ〕は，新規開業を目指す女性や若手男性などに空き店舗を一定期間，安価で貸し出し，開業準備をサポートする事業である。〔イ〕の運営にあたってのポイントは，立地選定，〔ウ〕面積，〔ウ〕数の決定などである。

・〔エ〕とは，地域の情報を発信するとともに，地元または他の地域の物産（名産品や特産物など）を集めて販売する店舗のことである。

・消費者がわざわざその商店街に行きたくなるように動機づけるには，ほかにはない，わかりやすい魅力づくりが必要となる。そのためには，商店街のコンセプトを決定し，それに合った業種，店舗を意図的に集めること（〔オ〕）が重要となる。

〈語　群〉
①テナントミックス　②ボックス　③サンプルショップ
④アンテナショップ　⑤地域再生法　⑥ブース
⑦ターゲットミックス　⑧チャレンジショップ
⑨パイロットショップ　⑩地域創生法

POINT!! 解説

ア：2018年6月に改正地域再生法が施行された。その主な改正点の1つが「商店街活性化促進事業」の創設で，そこには市町村が空き店舗等の活用や商店街の活性化の取組みを重点的に支援することが盛り込まれている。

また，ハンドブックは地域再生法について，「地域経済の活性化，地域における雇用機会の創出など地域の活力の再生を総合的，効果的に推進す

るための法律。2005（平成17）年に制定された」と記述している。

イとウ：空欄イには「チャレンジショップ」が入る。チャレンジショップは空き
店舗を減らすため，新規開業者の入居を促進するための代表的な施策である。

・入居者の対象……商売の経験が少なく，はじめから独立店舗での開業が
困難な人。

・チャレンジショップの目的……チャレンジショップを機に独立開業する
事業者を創出し，地域に根付く店舗を増やすことで，街の賑わいの
復活をはかること。

また，チャレンジショップの運営上のポイントは次の3点である。

①立地選定

チャレンジショップの営業期間は限定されていて，一定期間が終わる
と，他の入居者がそこに入ることになる。そのため，チャレンジショッ
プの立地が良すぎると，実際に開業したときの立地とギャップが大きい
という事態も発生しかねないので，その点も考慮の上，立地の選定をす
る必要がある。

②ブース面積，ブース数の決定

ブース面積やブース数の決定に際しては，近隣店舗の規模などを勘案の
上，あまり過大な面積にならないようにすることがポイントである。よっ
て，空欄ウには「ブース」が入る。

③入居者の募集と審査

自治体や商工会議所のホームページで募集要項・出店申請書を掲載す
るとともに，チラシ広告やパンフレットを作成してより多くの人々の目
につきやすいようにすること。

エ：空欄エには「アンテナショップ」が入る。アンテナショップは，空き店舗
を利用して商店街の魅力を向上させる施策として開設される。また，アン
テナショップは，新商品の試験販売やマーケティングを展開するうえで有
効な場となりえる。

オ：空欄オには「テナントミックス」が入る。ここでのポイントは，商圏内の
ニーズを把握し，そのニーズを満たせるコンセプトを決め，商店街全体が
そのコンセプトに沿ってまとめ上げていくということである。

正解　□ ア⑤　□ イ⑧　□ ウ⑥　□ エ④　□ オ①

実力養成問題　商店街のマーケティングへの取組み視点（2）

□ 次の文中の〔　〕の部分に，下記の語群のうち最も適当なものを選びなさい。

・今日の商店街は，単なる商品・サービスの提供だけでなく，地域住民の生活利便性や高齢者・子育て世代などへの福祉の提供，介護・医療関連サービスの提供など，地域〔ア〕への担い手としての新たな役割が求められている。

・女性の社会進出が進み，〔イ〕が増える状況の中，商店街に対して子育て支援の充実を望む声が高まってきている。安心して子育てができるような仕組みづくりとして，〔ウ〕などを活用した地域子育て支援拠点の設置や子育てサポート体制の整備などが考えられる。

・高齢化の進展に伴い，商店街に対して高齢者支援の充実の要望が高まっている。そのような状況の中，商店街が買物支援を兼ねて地域の高齢者を見守り，気がかりな人を発見したときに〔エ〕に連絡を行うなど，「お年寄りにやさしいまちづくり」に取り組む商店街が台頭している。

・人口減少や少子高齢化などを背景とした流通機能や交通網の弱体化とともに，食料品などの日常の買物が困難な状況に置かれている，いわゆる「〔オ〕」への対策が必要となっている。

〈語　群〉
①ケアマネージャー　②テナント　③買物弱者
④共働き世帯　⑤アメニティ　⑥コミュニティ
⑦地域包括支援センター　⑧核家族世帯
⑨デリバリーサービス　⑩空き店舗

143

ア：この空欄には「コミュニティ」が入る。つまり，今日の商店街は，従来の
ような商品・サービスの提供だけでなく，地域住民の生活利便性や高齢者・
子育て世代などへ福祉の提供を行う，地域コミュニティの担い手として期
待されている。なお，コミュニティ機能の強化のためには，地域コミュニ
ティ組織間（地域ボランティア，福祉団体，医療機関，NPO団体など）の
有機的な連携の強化が求められる。

イ：この空欄には「共働き世帯」が入る。「核家族世帯」も考えられないことも
ないが，空欄の前に「女性の社会的進出が進み」と書かれてあるので，確実
に「共働き世帯」が入ることになる。

ウ：この空欄には「空き店舗」が入る。空き店舗の増加は顧客に商店街が衰退
している印象を与えるとともに，地域の防犯，安全面からもマイナスとい
える。よって，空き店舗を活用して，そこに地域子育て支援の拠点を置く
ことはまさに一石二鳥といえる。

エ：この空欄には「地域包括支援センター」が入る。地域包括支援センターと
は，介護，医療，保健，福祉などの側面から高齢者を地域ぐるみで支える，
「総合相談窓口」である。担っている業務は「総合的な相談の支援」のほかに，
「権利擁護」「ケアマネジメント支援」「介護予防ケアマネジント支援」がある。

オ：この空欄には「買物弱者」が入る。ハンドブックでは，買物弱者について，
「農林水産省では，店舗まで500m以上，かつ，自動車を利用できない65
歳以上の高齢者を「食料品アクセス困難人口」と定義し，買物弱者とみなし
ている。ここでいう店舗とは，食肉小売業，鮮魚小売業，野菜・果物小売業，
百貨店，総合スーパー，食料品スーパー，コンビニエンスストアが含まれる」
と記述している。

正解 □ ア ⑥　□ イ ④　□ ウ ⑩　□ エ ⑦　□ オ ③

実力養成問題　商店街のマーケティングへの取組み視点 (3)

□ 次の文中の〔　　〕の部分に，下記の語群のうち最も適当なものを選びなさい。

・地域固有の資源を活用した商品・サービスを開発し，その〔ア〕化を通して地域イメージを高める「地域〔イ〕化」が地域活性化の有効策として注目されており，商店街はその活動の1つの場となる。

・近年，地域〔イ〕化において，〔ウ〕をより明確に打ち出した取組みが行われ始めている。商店街の理念と〔イ〕〔ウ〕が合致すれば，顧客からみても一貫性があり，より共感を得られやすくなる。

・従来，商店街活性化においては「ハードからソフトへ」といわれ，〔エ〕事業が盛んに行われてきた。実際，「令和3年度商店街実態調査」でも，商店街が実施しているソフト事業として「祭り・〔エ〕」が53.3％と最も多くなっている。

・100円商店街，まちゼミ，〔オ〕は，商店街活性化の「三種の神器」ともいわれ，各地で盛んに取り組まれている事業である。成果を出しやすいこの3つの事業のいずれかに取り組むことにより，事務局機能の充実，運営ノウハウの蓄積がはかられ，次の事業に取り組みやすくなる効果がある。

〈語　群〉

①テーマ　　　　②共通商品券　　　③イベント
④バリュー　　　⑤定期バザール　　⑥街バル
⑦メルクマール　⑧高付加価値　　　⑨コンセプト
⑩ブランド

ア：この欄には「高付加価値」が入る。「付加価値」とは，新たにつくり出された価値のこと。たとえば，従来，1個1,000円で販売していた商品に，何らかの工夫をこらして，1個1,500円で販売し，それが実際に売れたときには新たに付加価値が500円付いたことになる。そして，その付加価値の額が大きいときは高付加価値化したという。

　別言すれば，自分では価値があると思っていても，自分の設定した金額で商品が売れなければ，自分が思っていたほど社会的には価値がなかったことになる。反対に，売れれば，価値があったことになる。

イ：この欄には「ブランド」が入る。たとえば，1個3,000円で販売していたものが，何らかの工夫をこらして，1個4,500円で販売し，それが実際に売れたとする。そのとき，その商品は「ブランド化」したといえる。つまり，その商品を生産するのにたとえわずかな費用しかかかっていなくても，高額で売れれば，その商品はブランド商品となる。

　この点について，ハンドブックは次のように述べている。「地域ブランド化においては，単に地域発の商品・サービスのブランド化にとどまることなく，新たな商品・サービスの開発を連続的に開発することにより，"地域イメージのブランド化"をより強化することが望まれる。」

ウ：この欄には「コンセプト」が入る。コンセプトとは，「既成概念を打ち破る新しい観点，考え方のこと」。「地域ブランド化」するためには，地域発のブランド商品を連続でヒットさせる必要がある。ただその際，地域発のブランド商品を連続でつくればよいという発想ではなく，持続的に地域経済を活性化させるためのコンセプト，具体的には従来とはまったく異なる新しい観点,考え方が必要ということ。その観点,考え方がユニークであり，斬新であるほど，地域発のブランド商品を連続でヒットさせ得る可能性が高くなるということである。

　この点について，ハンドブックは次のように述べている。「ブランドコンセプトは，継続的に顧客を魅了して，自社(自店)の売上を伸ばし続けるために必要不可欠な考え方である。そのため，誰がターゲットなのか，どのような価値を与えるのかなどを端的に伝える必要がある。」

エ：この欄には「イベント」が入る。「取組中」の事業は，「祭り・イベント(53.3%)」に次いで，「防災・防犯(41.0%)」，「環境美化,エコ活動(34.7%)」，

「共同宣伝（マップ，チラシ等）（32.6％）」となっている。また，「検討中」の事業は，「高齢者向けサービス（17.8％）」「勉強会・学習会（14.7％）」，「キャッシュレス端末の導入（13.9％）」となっている。

なお，ハンドブックは「イベント事業」に関して次のように述べている。「しかし，イベント事業は集客のための1つの手法（ツール）にすぎず，効果は一時的である。要は，そのツールの特性，良さを把握し，該当商店街にとっていかに効果的な取組みとするかが問われている。」

オ：この欄には「街バル」が入る。「三種の神器」に関してハンドブックは，次のように述べている。「これらの事業を組み合わせ，繰り返し実施することで，「いつ来ても何かやっている商店街」という印象を来街者に与えることができ，参加する店舗に収益をもたらすことができる。」

また，ハンドブックは，3つの用語について次のように記述している。

・100円商店街……店舗の軒先に100円で買うことのできる商品を並べ，開催期間中に商店街全体を100円ショップに見立てるといったイベント。100円で買える商品は収益の主力ではなく，あくまでも集客のための呼び水として利用し，最終的には店内にある通常の商品の購入を促すことを目的としている。

・まちゼミ……「得するまちのゼミナール」の意。商店街の店舗が講師となって，プロならではの専門的な知識や情報，コツを無料で受講者（顧客）に伝える少人数制のゼミナール。店舗の存在や特徴を知ってもらうとともに，店主やスタッフと顧客とのコミュニケーションの場から，信頼関係を築くことを目的としている。

・街バル……バルとは，日本では一般に「スペイン式居酒屋」のことを指す。街バルは，商店街により実施方法が異なる。たとえば，複数枚綴りのチケットを3,000円程度で購入してもらい，複数の飲食店を飲み歩くイベントとして企画運営されている。消費者にとっては，日ごろ気になっていた店舗で気軽にその店の自慢の一品を味わうことができ，店舗にとっては，自店で行うイベントであるため，顧客に直接，自店の良さを伝えることができ，新規顧客の獲得につなげることができる。

正解 □ ア⑧ □ イ⑩ □ ウ⑨ □ エ③ □ オ⑥

147

キーワードはこれだ！

> 次の各問の〔　　〕の部分にあてはまる最も適当な語句・短文を記入しなさい。

① 最近の商店街における大きな問題の1つに，経営者の〔　　〕問題があるが，ほとんどの商店街でこの対策がとられていないのが実情である。

② 最近の商店街における大きな問題の1つに，店舗等の〔　　〕がある。しかし，商店街の売上げが減少傾向にあるため、店舗の新装や改装をする資金がない店舗が多いことから，ますます商店街の売上げが悪くなるという悪循環に陥っている。

③ 令和3年度商店街実態調査によると，空き店舗が埋まらない理由を地主や家主等貸し手側の都合でみると，「〔　　〕」の割合が最も多く，次いで「所有者に貸す意思がない」となっている。

④ 平成28年度商店街インバウンド実態調査によると，来訪する外国人観光客を国籍・地域別にみると，中国が最も多く，第2位は〔　ア　〕，第3位は〔　イ　〕である。

ア	イ

⑤ 中小企業庁地域経済産業グループの「地域コミュニティにおける商店街に期待される新たな役割と支援のあり方」では，商店街を3つに分類した。これらのうち〔　　〕は，過疎化が進む地方に立地し，地域住民の減少に伴い，来街が期待できない商店街があてはまる。

⑥ 〔　ア　〕は，地域経済の活性化，地域における雇用機会の創出など地域の活力の再生を総合的，効果的に推進することを目的としたもので，2005年に制定された。2018年6月には，〔　イ　〕促進事業の創設を盛り込んだ改正〔　ア　〕が施行された。

ア	イ

⑦ 地域にはさまざまなニーズが存在しており，とりわけ地域住民が求める主な〔　　〕機能としては，子育て支援の充実，高齢者・障がい者支援の充実，買物弱者対策などがある。

⑧ 経済産業省によれば，「地域の〔　ア　〕化とは，地域発の商品・サービスの〔　ア　〕化と，地域イメージの〔　ア　〕化を結びつけることで，他にない付加価値を与え，地域外の〔　イ　〕・人材を呼び込むという好循環を生み出し，持続的な地域経済の活性化をはかること」とある。

ア	イ

⑨ 商店街活性化の「三種の神器」といわれるものがある。「まちゼミ」はその1つで，〔　ア　〕という意味で，店主やスタッフと顧客との〔　イ　〕の場から，信頼関係を築くことを目的としている。

ア	イ

⑩ 商店街の適切なマネジメントを促すための自治体の取組みの一案として，〔　ア　〕制度を活用して，商店街のマネジメントを強化していくことが考えられる。これは，特定の地区内で資産保有者や事業者など一定の主体を対象に合意形成がなされ，それらの者の負担を財源に地区管理や〔　イ　〕事業を行う仕組みのことである。

ア	イ

⑪　訪日外国人旅行者の買物時の利便性を高めるため，2015 年 4 月の制度改正により，〔　ア　〕販売場制度が創設され，商店街やショッピングセンターなどの特定商業施設内で〔　イ　〕を代行事業者に一括で引き受けさせることが可能となった。

ア	イ

⑫　2019 年度税制改正で，〔　ア　〕制度が創設された。この結果，すでに消費税免税店の許可を受けている事業者が，7 か月以内の期間を定めて〔　ア　〕を設置する場合には，〔　イ　〕により免税販売が可能となった。

ア	イ

⑬　相続税や固定資産税の節税のためにあえて店舗を閉めたままにしている所有者の存在も想定されるため，空き店舗の利活用に非協力的な所有者には，場合によっては，課税強化などの措置（〔　　　〕措置）も必要と考えられる。

正解＆解説

①高齢化による後継者

　解説「経営者の高齢化による後継者問題」まで，記入を求められる可能性も
　ある。なぜなら，後継者問題は最近の商店街における最大の問題であるか
　らである。

②老朽化

　解説「店舗等の老朽化」は最近の商店街において２番目に大きい問題で
　ある。

③店舗の老朽化

　解説その割合が３番目に多いのは「家賃の折り合いがつかない」である。
　反対に，テナント等借り手側の都合では，「家賃の折り合いがつかない」
　の割合が最も多い。よって，「店舗の老朽化」と「家賃の折り合いがつか
　ない」は丸覚えしておくとよい。

④アー韓国　　イー台湾

　解説第１位の中国は固定と考えられるが，第２位以下は若干の変動があ
　ると考えられるので，チェックが必要である。
　　また，外国人観光客が商店街で購入する商品は「その他食料品・飲料・
　酒・たばこ」が最も多い。これに関する問題は「記述式穴埋問題」ではなく，
　「択一式穴埋問題」で出題される可能性が高いと考えられる。

⑤転換型

　解説中小企業庁は商店街を，単独型，複合型，転換型の３つに分類した。ま
　ずは，３つの型の特徴を把握し，今後の課題などをチェックしておくとよい。

⑥アー地域再生法　　イー商店街活性化

　解説長年にわたり住民の暮らしと地域の発展を支えてきた商店街が近年
　衰退し，それに伴い，地域経済も活力を失いつつある。こうした実状に
　対応するため，改正地域再生法が制定・施行された。

⑦コミュニティ

　解説ここでのポイントは，「コミュニティ」という用語を覚えておくこと。
　なぜなら，今日の商店街は単なる商品・サービスの提供だけでなく，地
　域住民の生活利便性の提供など，地域コミュニティの担い手としての新
　たな役割が求められている。子育て支援の充実，高齢者・障がい者支援
　の充実，買物弱者対策はその一環といえる。

⑧アーブランド　　イー資金

　　解説 地域活性化の方法の1つが，地域ブランド化である。地域ブラン
　　　ド化とは，地域固有の資源を活用した商品・サービスを開発し，そ
　　　れを高い価格で販売することで，その地域自体のイメージをアップ
　　　することである。よって，「地域ブランド化」という用語はキーワー
　　　ドといえる。

⑨アー得するまちのゼミナール　　イーコミュニケーション

　　解説 商店街活性化の「三種の神器」は覚えておくべき必須用語といえる。
　　　「100円商店街」の覚えておくべき関連用語は"あくまでも集客のため
　　　の呼び水として利用"，「まちゼミ」のそれは"得するまちのゼミナー
　　　ル"，「街バル」のそれは"スペイン式居酒屋"である。

⑩アー BID　　イー活性化

　　解説 〔ア〕については，「特定の地区内で資産保有者や事業者など」と「それ
　　　らの者の負担を財源に」から，「BID」が入ると推察がつく。〔イ〕について
　　　は，"商店街"といえば"活性化事業"と関連づけて覚えておくことをおす
　　　すめする。

⑪アー手続委託型輸出物品　　イー免税手続

　　解説 アは「手続委託型輸出物品販売場制度」まで記入を求められる可能
　　　性はある。

⑫アー臨時免税店　　イー届出

　　解説 臨時免税店制度の創設により，地域のお祭りや商店街のイベント
　　　等に簡単な手続で出店できるため，外国人観光客への販売機会が増加
　　　することになる。

⑬ディスインセンティブ

　　解説 ハンドブックは，ディスインセンティブ（Disincentive）措置につ
　　　いて，「何かを阻害するような外的な刺激や要因を意味する」と述べて
　　　いる。

実力養成問題 ショッピングセンター概論とマネジメント戦略 (1)

第1章

第2章

第3章

第4章

第5章

模擬テスト

☐ 文中の〔　　〕の部分に，下記に示すア～オのそれぞれの語群から最も適当なものを選びなさい。

　　一般社団法人日本ショッピングセンター協会の「SC白書 (2022)」によれば，2021年末時点の日本のSC総数は〔ア〕となり，2020年末から26減少した。SC総店舗面積は約〔イ〕㎡で，前年を31万㎡上回った。2021年の全SCベースの年間総売上高の推計値は約〔ウ〕円となった。この数字は前年比3.8%増であるものの，2019年の水準を下回っている。

　　2021年末のSCの総キーテナント数は2,901店舗であり，総テナント数は約〔エ〕店舗である。また，キーテナント別SC数をみると，〔オ〕1核のSC数が近年大きく減少している。

〈語　群〉

	1		2	
ア	1	2,383	2	3,169
	3	5,207	4	4,312
イ	1	6,891万	2	7,204万
	3	8,156万	4	5,430万
ウ	1	26兆	2	32兆
	3	43兆	4	56兆
エ	1	5万	2	9万
	3	16万	4	23万
オ	1	百貨店	2	ホームセンター
	3	食品スーパー	4	総合スーパー

POINT!! 解説

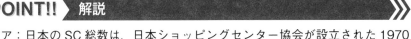

ア：日本のSC総数は，日本ショッピングセンター協会が設立された1970年代から2018年まで持続的に増加したものの，2018年をピークに減少に転じ，2019年，2020年，2021年と3年連続で減少した。この結果，2021年のSC総数は3,169となった。よって，SC総数は3,100程度と覚えておくとよい。

イ：2021年末時点のSC総店舗面積は約5,430万㎡である。よって，約5,500万㎡と覚えておくとよい。数字を正確に覚える必要はない。おおよその数字がイメージできればOK。

　先に述べたように，総SC数は2019年以降減少傾向にあるが，総店舗面積は依然増加傾向が続いているので，その点はよく覚えておこう。

ウ：SC年間総売上高は，一部の年を除けば，対前年比で増加傾向が続き，2018年のそれは約32.7兆円に達した。しかし，2019年は約32.0兆円，2020年は約24.9兆円，2021年は約25.8兆円となった。2020年と2021年は新型コロナウイルス感染拡大が大きく影響している。

エ：2021年末時点の総テナント数は163,992店舗である。下表に「業種別テナント数の推移」を示したが，ここでの2021年のテナント合計は162,332店舗となっている。その理由は、下表の(注)に書いてあるように，「業種別テナント数が不明なSCがあるため」である。

　下表から覚えておいてもらいたいことは，テナントの中で「物販」が全体の約60%を占めていることである。

表　業種別テナント数の推移

	2018年		2019年		2020年		2021年	
	テナント数	構成比(%)	テナント数	構成比(%)	テナント数	構成比(%)	テナント数	構成比(%)
物　　販	100,486	62.9	101,057	62.7	100,220	62.0	100,435	61.9
飲　　食	28,901	18.1	29,255	18.1	29,344	18.1	29,418	18.1
サービス	30,380	19.0	30,915	19.2	32,179	19.9	32,479	20.0
合　　計	159,767	100.0	161,227	100.0	161,743	100.0	162,332	100.0

(注)業種別テナント数が不明なSCがあるため，SCの概況の総テナント数とは一致しない。
出所：一般社団法人日本ショッピングセンター協会

オ：2015年において，GMS（総合スーパー）1核のSC数は928で，構成比は29.0%であった。しかし，2021年においては，GMS（総合スーパー）1核のSC数は823で，構成比は26.0%にまで低下している。

正解　☐ ア2　☐ イ4　☐ ウ1　☐ エ3　☐ オ4

(参考) わが国SCの現状　　　　出所：一般社団法人日本ショッピングセンター協会

1. SCの概況

総SC数	3,169SC
総テナント数	163,992店舗
1SC平均テナント数	52店舗
総キーテナント数	2,901店舗
総店舗面積	54,302,789m²
1SC平均店舗面積	17,136m²

(試験情報)

第40回販売士検定試験において、
「総SC数」「1SC当り平均店舗面積」
が出題された。

※SC数，面積は2021年末時点で営業中のSC

2. SCの特性

(1) 年次別・立地別オープンSCの分布

〈留意点〉2008年から2015年（左）までが旧立地区分，2015年（右）以降は現行の立地
区分によるオープンSC数
〈立　地〉中心地域：人口15万人以上の都市で，商業機能が集積した中心市街地
　　　　　周辺地域：上記以外の地域
※2016年1月1日に立地区分を改定しています。

(2) 新規オープン1SC当たりの平均店舗面積とテナント数の推移

	オープンSC数	1SC当たり平均店舗面積(m²)	1SC当たりテナント数		オープンSC数	1SC当たり平均店舗面積(m²)	1SC当たりテナント数
2001	43	17,266	54	2011	54	19,029	69
2002	66	15,772	49	2012	35	14,802	55
2003	63	21,199	63	2013	65	18,763	60
2004	74	23,607	70	2014	55	20,198	61
2005	71	22,036	62	2015	60	19,942	69
2006	83	25,717	70	2016	54	17,212	51
2007	97	23,705	67	2017	48	19,475	58
2008	88	27,791	82	2018	37	20,392	61
2009	57	16,283	49	2019	46	15,839	50
2010	54	16,408	58	2020	41	17,102	55
				2021	24	21,424	60

オープン1SC当たりの平均店舗面積とテナント数の推移

注) SC新基準による集計値

(3) 店舗面積別・立地別SC数

	中心	周辺	総計
5,000m²未満	402	85	487
5,000～10,000m²未満	715	138	853
10,000～30,000m²未満	1,189	193	1,382
30,000～50,000m²未満	235	38	273
50,000m²以上	150	24	174
総　　　計	2,691	478	3,169

（試験情報）

第40回販売士検定試験において，「キーテナントの数が1核のショッピングセンター数の全体に占める構成比」が出題された。右表より，2021年のそれは61.0%となる。

(4) キーテナント別SC数

キーテナントの有無・業種		2021年	
		SC数	構成比 (%)
核なし		783	24.7
1核	Dpt (百貨店)	72	2.3
	GMS (総合スーパー)	823	26.0
	SM (食品スーパー)	815	25.7
	HC (ホームセンター)	34	1.1
	DS (ディスカウントストア)	80	2.5
	生協	40	1.3
	専門店	62	2.0
	その他	6	0.2
	1核小計	1,932	61.0
2核	Dpt + GMS	8	0.3
	Dpt + SM	2	0.1
	GMS + SM	7	0.2
	GMS + HC	36	1.1
	GMS + 専門店	13	0.4
	SM + HC	138	4.4
	SM + DS	19	0.6
	SM + Drg	22	0.7
	SM + 専門店	103	3.3
	その他	50	1.6
	2核小計	398	12.6
3核		49	1.5
4核以上計		7	0.2
総計		3,169	100.0

実力養成 問題 ショッピングセンター概論とマネジメント戦略（2）

□ 次のア～オについて，正しいものには1を，誤っているものには2を記入しなさい。

ア　日本でショッピングセンター（SC）が本格的な発展をみるのは1960年代後半に入ってからで，駅ビルを中心に開発された。

イ　1970年代頃から都市圏で顕著にみられた郊外化とモータリゼーションの進展を背景に，「郊外型開発」のSCが発展した。

ウ　日本のSCは目覚ましい発展に伴い，さまざまな型のSCが誕生したが，それらのうち，スーパーマーケットとドラッグストアなどの生活密着型店舗形態を組み合わせた小型SCをリージョナル型SCという。

エ　SCの収益の源泉はテナントから得られる賃料であり，売買差益を源泉とする小売業とはそのビジネスモデルに明確な違いがある。

オ　SCの業態特性は計画性，集積性，総合性，統一性の4点に集約されるが，これらのうち総合性とは，明確な方向性を持ったディベロッパーとテナントの共同意思にもとづき事業がコントロールされていることをいう。

POINT!! 解説

ア：駅ビルを中心に開発されたSCを「都市型開発」のSCという。これに関して，ハンドブックは「1950年代の荒廃した終戦直後は，商業床が極端に不足した状態であった。その不足を補う形で商業床確保のためスピードを最優先に，市街地の駅前を中心に商業床をつくり出し，都市型の複合商業集積として発展してきた。1960年代後半からの高度経済成長とともに，駅ビルを中心に開発され，生活者のモノ欲求に迅速に対応しつつ急速に発展していった」と述べている。

イ：「郊外型開発」のSCは年々拡大し，今日でも出店の勢いは続いており，SCの50％超を占めている。

　　なお，日本のSCは「都心型開発」と「郊外型開発」の大きな流れの中で

増加したが，前問のアで述べたように，SC 総数は 2019 年から 3 年連続で減少した。この主な原因は，閉店数は前年並みであるものの，オープン SC が従来より少ないことによるものである。

ウ：下表を見てわかるように，「リージョナル型」ではなく，ネイバーフッド型が正しい。

表　日本の多様な SC 形態

駅ビルや地下街型	日本独自に発展した新宿ルミネなどの駅ビルや地下街のSC
ファッションテナントビル	PARCOに代表される "核なし" テナントビル
リージョナル型	ららぽーと，玉川高島屋SCのような百貨店，総合品ぞろえスーパー，専門店が一体の広域商圏SC
コミュニティ型	郊外に多く，総合品ぞろえスーパーが核店舗になった地域SC
ネイバーフッド型	スーパーマーケットとドラッグストアなどの生活密着型店舗形態を組み合わせた小型SC
価格訴求型	アウトレットモール，パワーセンターなどの価格訴求を打ち出したオフプライス店の集合SC
都心立地の複合型	六本木ヒルズ，東京ミッドタウンなどの高級ホテル，商業・サービス施設，美術館などを含む大型複合施設

出所：『販売士ハンドブック（発展編）』

エ：つまり，SC の源泉は，小売業の売上高に左右されるものではないということ。収益力は劣るものの，テナントから確実に賃料が入るので，経営は安定している。

オ：総合性ではなく，統一性が正しい。総合性とは，「商業，アミューズメント，スポーツ，文化および公共サービス機能を含む総合的な生活提案をする」ことをいう。

　　★計画性……開発立地の選定，施設規模，施設機能，デザインなどを計画的に立案し，運営する。

　　★集積性……複数の小売・サービス業の施設が集積配置され，ワンストップショッピングを可能にする。

正解 □ ア 1 □ イ 1 □ ウ 2 □ エ 1 □ オ 2

実力養成問題 ショッピングセンター概論とマネジメント戦略（3）

□ 次のア〜オについて，正しいものには1を，誤っているものには 2を記入しなさい。

ア　商店街は自然発生的に成立したことから，明確なコンセプトを もたないが，SCは計画的に設置されたものなので，明確なコン セプトがある。

イ　地域社会に対するSCの基本的機能は，「販売機能」のみならず， 「公共的機能」「地域雇用の創出」「まちづくり」「地域環境共生」など の，地域に対する役割や機能を担う。

ウ　SC事業は，ディベロッパーが土地・建物などの不動産を開発・ 所有，あるいは商業床を確保して，その商業床をテナントへ賃貸 し，その見返りとして得る賃料を収益源としている。

エ　オフィス賃貸業の場合，開発立地の選定に際して重要となるの は利便性であるが，SC事業の場合，開発立地の選定に際して重 要となるのは商圏規模である。

オ　オフィス賃貸業のマーケティング対象が企業であるのに対し， SC事業のそれは地域の生活者である。また，オフィス賃貸業の テナント入替えが積極的であるのに対し，SC事業のそれは消極 的である。

POINT!! 解説

ア：表1「SCと商店街の比較」を見てわかるように，商店街の「成り立ちは 自然発生的」なので，明確なコンセプトはない。一方，SCの「成り立ち は計画的に設置されたもの」なので，明確なコンセプトがある。

　　表1で着目したいのが，「商店街の付加価値が地域密着性であり，SC の付加価値が文化などの総合性である」ことである。

イ：SCの社会的機能としてはこのほかに，「地方自治体，地元産業，商業 者，民間事業者，地権者，市民，NPOなどの官民の関係者と連携・協 働してまち（エリア）をマネジメントしていくこと」が挙げられる。

第1章

第2章

第3章

第4章

第5章

模擬テスト

表1 SC と商店街の比較

	SC	商店街
成り立ち	計画的な設置	自然発生的
コンセプト	コンセプトあり	明確なコンセプトなし
テナント構成	計画的構成と配置	自然発生的構成と配置
運営体制	ディベロッパーによる統一運営	任意組織が多く，統一運営体制が脆弱
付加価値	文化などの総合性	地域密着性

表2 オフィス賃貸業と SC 事業の比較

	オフィス賃貸業	SC事業
開発立地の選定	利便性	商圏規模
マーケティング対象	企業	生活者
経営指標	空室率（稼働率）	売上高
テナントの入替え	消極的	積極的
テナント営業管理	なし	常駐管理
テナントの出店判断	企業活動への利便性	顧客視点

出所：『販売士ハンドブック（発展編）』

ウ：先に述べたように，「SC は，百貨店，スーパーマーケット，専門店のような売買差益を収益源とした単体商業施設ではなく，テナントからの賃料を収益源とした複合商業体である」。

エ：表2「オフィス賃貸業と SC 事業の比較」に示すように，開発立地の選定の際にオフィス賃貸業が重視するのは利便性であり，SC が重視するのは商圏規模である。

オ：オフィス賃貸業は「テナントの入替えは消極的である」が，SC 事業は「テナントの入替えは積極的である」。

正解　□ ア 1　□ イ 1　□ ウ 1　□ エ 1　□ オ 2

実力養成 問題　ショッピングセンター概論とマネジメント戦略（4）

第1章

第2章

第3章

第4章

第5章

模擬テスト

□ 次のア～オは，ショッピングセンターの戦略的な管理運営手法に関する記述である。正しいものには1を，誤っているものには2を記入しなさい。

ア　SCの最大の目的は，地域生活者目線での営業活動を通じてCS（顧客満足）経営を展開し，地域社会，地域生活者の支持を得ることにある。

イ　AM（アセットマネジメント）とは，収益最大化と運営管理コストの精査，最適化を主眼とし，管理する個々の不動産から得られるキャッシュフローを増加させ，中・長期的にそのSCの資産価値を高める取組みである。

ウ　不動産証券化とは，不動産から獲得できるキャッシュフロー（主に賃料）を裏付けとした収益を受ける権利を表す証券を発行し，それを投資家に販売して資金調達を行うシステムである。

エ　不動産証券化は，2001（平成13）年，「不動産投資信託」（J-REIT）の上場基準などが整備された結果，不動産からの収益を分配するJ-REITの上場が実現し，今日の市場拡大へとつながっている。

オ　テナントは，ディベロッパーの理念・戦略目標を十分理解し，SCに入店するほかのテナントなどと協調し，SC全体の繁栄を実現するよう努めることが求められる。

ア：SC は地域社会，地域生活者の支持によって成立・繁栄するので，CS（顧客満足）経営を展開しなければならない。

　　また，これに加え，ハンドブックは「SC を継続的に繁栄させるサステナブルな存在とするためには，顧客満足の実現とともに，顧客サービスの質と密度を経常的に高めながら，最適コストで施設の管理運営を行う。それが SC ディベロッパーの大きな事業目的となる」と述べている。

　イ：AM（アセットマネジメント）ではなく，PM（プロパティマネジメント）が正しい。文中の「管理する個々の不動産」の箇所から，PM に関する記述と判断できる。AM の場合，不動産のほかに，株や債権などのすべての資産が管理の対象となる。

　　ハンドブックは，AM と PM について次のように記述している。

　　★ AM（Asset Management）

　　　建物や設備機器といったハード面のみならず，株や債券も含めたすべての資産のポートフォリオをオーナーに代わって管理運営するもの。最も効果的に資産を運用し，投資効果を上げ，オーナーのために最大限のキャッシュフローを生み出すことを目的とする。

　　★ PM（Property Management）

　　　主に土地・建物などの不動産に関する資産（固定資産）の効率的維持管理を行う業務のこと。狭義には，投資用不動産の所有者あるいは所有者の資産管理代行業者である AM（アセットマネジメント）会社から受託して行う管理業務のこと。

　　AM と PM の関係については，投資家から投資用資産（不動産，株，債券など）の管理を委託されたアセットマネジメント会社から，ビル運営管理の専門家であるプロパティマネジャーに投資用不動産の運営・管理が委託されるというものである。よって，AM の業務の中に，PM の業務が含まれることになる。

　　また，ハンドブックでは，「顧客満足度の向上と不動産利回りの確保という経営視点のバランスの中で両者の融合をはかることが，収益最大化，コスト最適化を目標とした AM，PM の共通の視点といえる」と述べている。

ウ：1998（平成10）年9月，SPC法（「特定目的会社による特定資産の流動化に関する法律」）が施行されたことで，本格的な不動産証券化の仕組みが日本に導入された。ハンドブックは「SPC法」と「SPC」について，次のように記述している。

★ SPC法

特定目的会社（SPC）や特定目的信託が，不動産などの資産を保有・運用し，その収益を裏付けとして証券や信託受益権を発行する場合の手続きやルールを定めた法律。2000（平成12）年11月に新SPC法（「資産の流動化に関する法律」）へ改正された。

★ SPC（Special Purpose Company）

特定の資産を担保にした証券の発行など，限定された目的のために設立された会社。一般に「特定目的会社」と訳されている。

エ：不動産投資信託（J-REIT）の上場が実現したことで不動産証券化が一気に進み，金融市場の余剰資金などが大量に不動産業界に流入することになり，SCの建設を金融面から支えることになった。

ハンドブックは，J-REITについて，「多くの投資家から集めた資金で，オフィスビルや商業施設，マンションなど複数の不動産などを購入し，その賃貸収入や売買益を投資家に分配する商品のこと。不動産に投資を行うが，法律上は投資信託の仲間である」と述べている。

なお従来，SCは必要資金の一部をテナントからの無利子の資金調達（保証金）に頼っていた。一方，テナントは保証金を支払うための資金を金融機関から借りていたので，テナントからすれば有利子で借りた資金を無利子でディベロッパーに貸すことになる。こうした関係の下では，ディベロッパーが倒産すると，テナントは保証金が回収不可能となり，金融機関への借金だけが残る。

こうした実情を打開するために，新たに作られた仕組みが図「新しいSC事業の仕組み」である。図の場合，テナントはSPCとの間で賃貸借契約だけを結べばよいことになる。また，図においてはSCの本当の所有者（出資者）と経営者とが分離する，いわゆる「所有と経営の分離」が進むことになり，SCは流通業の枠を超えた存在として認知されるとともに，多方面からの資金調達が可能となる。

図　新しい SC 事業の仕組み（例）

①SC ディベロッパーが SPC に譲渡（土地・建物）
② 譲渡代金で，SC ディベロッパーは開発コスト回収
③SPC が証券や社債の発行
④ 投資家から資金集め（社債購入・優先出資）
⑤SPC がテナントと賃貸借契約
⑥SC ディベロッパーが SPC とプロパティマネジメント契約

出所：『販売士ハンドブック（発展編）』

　オ：SC の安定した経営は，ディベロッパーとテナントの健全な関係を前
　　提として可能になる。
　　　テナントの役割は問題文に書かれてあるように，「テナントがディベ
　　ロッパーの理念・戦略目標を十分に理解し，SC に入店するほかのテナ
　　ントなどと協調すること」である。一方，ディベロッパーの役割は，「SC
　　の総合力発揮のため最適なテナントミックスを実現し，その相乗効果を
　　最大限に発揮できるオペレーションに努めること」である。

正解　□ ア 1　□ イ 2　□ ウ 1　□ エ 1　□ オ 1

第1章

第2章

第3章

第4章

第5章

模擬テスト

実力養成 問題 ショッピングセンター概論とマネジメント戦略 (5)

□ 次のア〜オは，競争が激化する SC，SC を取り巻く大きな環境変化に関して述べたものである。正しいものには1を，誤っているものには2を記入しなさい。

ア　SC 総店舗面積は，1994 年は 2,585 万㎡，2021 年は 5,430 万㎡と，この 27 年間で約 2 倍に達したのに対し，SC 総売上高は，1994 年が 22 兆 2,029 億円，2021 年は 55 兆 5,140 億円と，約 2.5 倍に達している。

イ　バブル経済崩壊を機に，土地を所有しているだけで，土地の効率的運用による利回りを積極的に考えないストック型の経営（土地の含み益を重視した経営）から，土地の価値を高め，土地の生み出す収益を意識したキャッシュフロー経営へと転換することになった。

ウ　定期借家制度が 2000 年 3 月から導入された。旧来の借地借家法のもとではディベロッパーはテナントを入れ替えやすかったが，新制度のもとではそれができなくなり，ディベロッパーとテナントの関係を大きく転換させた。

エ　2000 年の大店立地法の施行に伴う規制緩和は，中心市街地立地の非効率な既存大型店の閉鎖・撤退を促し，効率的な郊外型 SC の開発に軸足をシフトさせることになった。

オ　SC のような大規模な商業施設は地域社会に対する環境負荷が大きいことから，物流車両の CO_2 規制や店舗のエネルギー消費の削減，廃棄物の処理など，SC の管理運営に関連する環境保全の問題は地域社会の一員として SC の責務となり，SC のコンプライアンス（法令順守）が問われることになった。

ア：表1に示されるように，SC総店舗面積は，1994年は2,585万㎡であったが，2021年には5,430万㎡に拡大し，27年間で約2.1倍（5,430÷2,585≒2.1）となった。

　一方，SC総売上高は，1994年が22兆2,029億円，2021年は25兆8,392億円であるので，その間の増加率は約16％（258,392÷222,029≒1.16）にとどまっている。ただ，2021年の総売上高は新型コロナウイルス拡大の影響を強く受けているため，2019年の総売上高を使う必要があると考えられる。よって，319,694÷222,029≒1.44となり，その間の増加率は約44％となる。

　以上を整理すると，総店舗面積は27年間に約2.1倍増加しているのに対し，総売上高は25年間に約44％しか増加していない。つまり，これはSC面積の過剰供給とSC間の過当競争により，SCの生産性が低下していることを意味している。

　SCの生産性をみるのに，坪効率(面積当たり売上高)がある。これについて，『SC白書』(2022年版)は，「2010年から2021年まで総店舗面積は年々増加しているが，坪効率は2010年以降2019年までほぼ横ばいで推移してきた。すなわち，この間の総売上高の増加はもっぱら店舗面積の増加によってもたらされてきた」と述べている。また，2020年の坪効率は172.5（千円/坪）となり，2019年比で19.6％落ち込んだ。2021年の坪効率は2020年のそれをわずかに上回った。このため，2020年，2021年とも総店舗面積は増加したものの，坪効率の大幅な低下により，両年の総売上高は下表に示す通り，2019年のそれを大きく下回った。

　以上より，総店舗面積が増加すると，通常，総売上高は増加するものの，総店舗面積の増加率ほどには総売上高の増加率は伸びないということである。

表1　SCの総売上高，総店舗面積等の推移

	1994年	2004年	2014年	2019年	2020年	2021年
SC総売上高（億円）	222,029	263,826	297,385	319,694	249,016	258,392
SC総店舗面積（千㎡）	25,849	41,434	49,760	53,651	53,991	54,302
SC総数	2,225	2,660	3,169	3,209	3,195	3,169
1SC当たり売上高（億円）	99.8	99.2	93.8	99.6	77.9	81.5

出典：『SC白書』2022年度版　一般社団法人日本ショッピングセンター協会

イ：ハンドブックでは，"SCを取り巻く大きな環境変化"として次の5つを挙げている。

①ストックからキャッシュフロー経営へ

②所有と経営の分離

③定期借家契約がもたらすもの

④規制緩和―「大店法」から「大店立地法」へ

⑤環境問題など，求められる地域貢献

　イの記述は上記の①「ストックからキャッシュフロー経営へ」に関するものである。

　バブル経済が崩壊する前においては，"地価は継続的に上昇する"という「土地神話」があったため，土地を所有していれば，そのうち含み益が生じると考えられていた。しかし，バブル経済崩壊に伴い「土地神話」が崩壊したため，土地の価値を高め，土地の生み出す収益を意識したキャッシュフロー経営への転換を余儀なくされることになった。

ウ：ウの記述は上記の③「定期借家契約がもたらすもの」に関するものである。借地借家法を改正して定期借家制度（定期建物賃貸借制度）を導入することなどを盛り込んだ「良質な賃貸住宅等の供給に関する特別措置法」が1999（平成11）年12月に成立し，翌2000年3月に施行された。

　従来型の賃貸借契約では，「正当事由」がなければ，賃貸人（貸主）から契約の更新拒絶や解約の申し入れができなかった。これに対して，定期借家契約では，賃借人・賃貸人の合意により，契約期間，賃料などの条件を自由に取り決めることができ，期間満了によって更新されることなく契約は終了する。この定期借家契約は商業床にも適用された。

　したがって，ディベロッパーにとってはテナントを入れ替えやすくなり，変化する顧客ニーズに迅速，かつ的確な対応が可能となった。この結果，ディベロッパーとテナントの関係は大きく転換することになった。

エ：エの記述は上記の④「規制緩和―「大店法」から「大店立地法」へ」に関するものである。中小商業者の保護など経済的規制を目的とした大店法が廃止され，大店立地法が制定されたことで規制緩和が行われ，郊外型SCの開設が推進されることになった。

オ：オの記述は上記の⑤「環境問題など，求められる地域貢献」に関するものである。大規模事業者の環境問題に対する対応に厳しい目が向けられる今日，企業市民として企業の社会的責任（CSR）を経営の基盤に置く時代が到来したといえる。

正解　□ ア 2　□ イ 1　□ ウ 2　□ エ 1　□ オ 1

□ 次のア～オは，SC の再編と新たな始動，SC の今後の方向に関して述べたものである。正しいものには1を，誤っているものには2を記入しなさい。

ア　大店立地法の施行に伴う規制緩和は中心市街地立地の非効率な既存大型店の閉鎖・撤退を促し，郊外型 SC の開発に軸足をシフトさせることになった。

イ　近年，高速道路の利用者をターゲットとする「街ナカ」商業施設が注目されており，単なる旅の通過点から，目的地として選ばれるサービスエリア（SA）として，高速道路の SA などに複合商業施設が開業している。

ウ　1990 年代のバブル経済崩壊以降，生活者の合理的消費行動に対応した，価格訴求型の施設であるアウトレットモール，パワーセンターなどが発展した。

エ　大都市圏を中心とした，人口の郊外から都心部への再移動の傾向を背景に，東京・大阪など大都市の都心部に大規模な再開発と複合施設開発が進み，2003 年に「東京ミッドタウン」，2006 年に「六本木ヒルズ」，2007 年に「表参道ヒルズ」がそれぞれ開業した。

オ　近年，ネット通販は消費者の間に着実に浸透・拡大しており，SC にとっては，リアルな店舗との競争だけではなく，こうしたバーチャルな店舗との競争も意識せざるを得ない状況となっている。

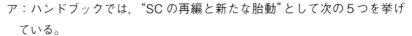

POINT!! 解説

ア：ハンドブックでは，"SCの再編と新たな胎動"として次の5つを挙げている。

　①地方SCのスクラップ＆ビルドと地域シェア獲得競争の激化

　②新たな立地（マストラ拠点）の動き

　③大都市圏における再開発と都市型の複合機能SC

　④TV局や集客施設との連携による「新名所」の立地創造

　⑤価格志向業態の台頭と新たな地域密着型業態の模索

　アの記述は上記①「地方SCのスクラップ＆ビルドと地域シェア獲得競争の激化」に関するものである。

　大店立地法の施行に伴う規制緩和は，中心市街地立地の非効率な既存大型店の閉鎖・撤退を促し，郊外型SCの開発に軸足をシフトさせることになったが，それとともに，SCの地域シェア獲得，すなわちリージョナル型SC，コミュニティ型SC，ネイバーフッド型SC，アウトレット型SCなどの各種形態による地域シェア獲得競争を激化させることになった。

イ：高速道路の利用者をターゲットとした商業施設を「道ナカ」という。「道ナカ」は，飲食に限らず，セレクトショップ，地域物産，スイーツなどの人気店舗を複数導入し，選ぶ楽しさや見る楽しさのある売場，ゆとりある快適空間，地域との交流など新たな商業施設として人気を呼んでいる。

　なお，イの記述は上記の②「新たな立地（マストラ拠点）の動き」に関するものである。マストラ拠点について，ハンドブックは「空港，高速道路，ターミナル駅など大量輸送機関（マストラフィック）拠点のこと。近年，これらの立地に開業することが好まれる傾向にある」と述べている。

　マストラ拠点の1つである「駅ナカ」に関して，ハンドブックでは，「ルミネ，アトレなどのファッション専門店複合ビルをはじめ，駅構内の主に改札内に展開される「ecute（エキュート）」，駅ナカコンビニの「NewDays（ニューデイズ）」など，駅を活用したビジネスは，2000年代から急成長を遂げた」と記述している。

ウ：ウの記述は，上記の⑤「価格志向業態の台頭と新たな地域密着型業態の模索」に関するものである。

　アウトレットモールは1999年には4か所しかなかったが，その後増加し，今日では物販が約10店舗以上あるアウトレットモールは40か

所を上回っている。パワーセンターは，郊外立地のショッピングセンター
で，ディスカウントショップなどの安売り店が数社集まって SC を形成
している。

　また地域密着型業態の１つであるライフスタイルセンターの特徴は次
の通りである。

　　①オープンモール

　　②基本的に核テナントがない

　　③郊外でなく都市周辺地域に立地

　　④地域生活者のニーズ対応とライフスタイル提案

　　⑤比較的近隣商圏に対応

　オープンモールとは，ショッピングセンター全体に天井がなく，日光
が直接入ってくるタイプをいう。なお，2000 年代に入ると，比較的小
商圏で地元生活者を対象とした，地域密着型の新たな業態の模索が始
まったが，その１つが消費スタイルの高度化・多様化への対応を目指し
たライフスタイルセンターである。

エ：エの記述は上記の③「大都市圏における再開発と都市型の複合機能
　SC」に関するものである。

　　大都市の都心部で大規模な開発が行われたことで，大規模な商業床と
　一流レストランや教育・コンベンション機能，ホテルなど，通常のオフィ
　スビル開発を超える複合機能を備えた新たな SC が都心に出現した。

　　表２「近年の都市型複合機能 SC の例」をみてわかるように，これら３
　つの中では，「六本木ヒルズ」の開業が最も早く，「表参道ヒルズ」「東京ミッ
　ドタウン」の開業と続く。

オ：ハンドブックでは，"SC の今後の動向"として次の３つを挙げている。

　　①地域に根ざす SC へ

　　②少子高齢化などの社会構造変化を踏まえた，SC の社会的機能のさ
　　　らなる充実

　　③ネット通販などのバーチャルモールへの対応

　　オの記述は，上記の③に関するものである。

　　近年，ネット通販は毎年，年率７％以上の規模で成長している。この
　ため，SC としてもバーチャルな店舗との競争を意識せざるを得なくなっ
　ている。

正解 □ ア 1 □ イ 2 □ ウ 1 □ エ 2 □ オ 1

表2　近年の都市型複合機能 SC の例

2003年	「六本木ヒルズ」の開業	「六本木ヒルズ」に代表される，巨大なオフィスとマンション棟，世界の一流ブランドを集めたファッションセンター，トップレベルのレストラン・飲食店，シネコン，高級ホテル，美術館などの集積によって，新しい都市型集積として注目を集めた。
2004年	「丸の内オアゾ」「新丸の内ビルディング」の完成	東京駅に新しい表情が生まれた。
2006年	「表参道ヒルズ」の開業	世界の高級ブランド街に隣接して開発された。
2007年	「東京ミッドタウン」の開業	六本木の旧防衛庁跡地を再開発した「東京ミッドタウン」は，超高層オフィス，超高層マンション，高級ホテル，商業・サービス施設，美術館などを含む複合施設で，世界トップレベルのホテルや美術館など文化・芸術施設の誘致をはかり，東京の新名所として観光客など広域の人々を動員している。
2011年	「大阪ステーションシティ」の開業	JR西日本の大阪駅を大改装し，駅の北ヤードにはキーテナントの三越・伊勢丹百貨店（2014年に業態転換），JR西日本の専門店街「ルクア」（2万㎡），スポーツクラブやシネコンなど，さらにサウスゲートには大丸梅田店の増床とホテルグランヴィアが建設された。

出所：『販売士ハンドブック（発展編）』

参考　　　表　TV 局や集客施設との連携の例

2008年	「赤坂サカス」の開業	「赤坂サカス」は「TBS赤坂5丁目再開発計画」として，東京放送（現：東京放送ホールディングス）移転後の旧社屋跡地の再開発を目的に，全面リニューアルしたライブハウス「赤坂BLITZ」，地下1階・地上3階46店舗の「SHOPS & DININGS」を含む「赤坂ACTシアター」，赤坂サカス内サテライトスタジオ「studio Sacas」，遊歩道，広場，およそ100本の桜，高層マンションなどで構成される。
2012年	「ソラマチ」の開業	東京都墨田区の日本一高い電波塔「東京スカイツリー」が話題を呼び，そこに，新しい下町の賑わいを感じさせる，バラエティ豊かな300余の店舗が集う商業施設「ソラマチ」が開業した。東京スカイツリータウン内に位置し，東京スカイツリーとともに賑わっている。

出所：『販売士ハンドブック（発展編）』

□ 次の文中の〔　　〕の部分に，下記の語群のうち最も適当なもの を選びなさい。

　　ショッピングセンター (SC)のリニューアルは，次の手順で進 められる。

(1)　まず，SC のポジショニングとコンセプトを見直してから， 〔ア〕，〔イ〕などの活性化計画を策定する。〔ア〕には，売上高 の推定，店舗別構成比の推定，投資額の検討および決定，収 支計画作成の各項目がある。また，〔イ〕には，ゾーンプラン ニングの決定，〔ウ〕の検討と決定，年間販売促進計画・年間 催事企画の作成，顧客管理システムの導入などが含まれる。

(2)　次に，それらの具体的事項を施設計画としてまとめる。

(3)　施設計画にもとづき，実際の企画・デザイン・実施設計を 策定する。ここで〔エ〕，関連法規のチェックなどが行われる。 〔エ〕では，営業スペースの配分，動線計画，商品導入企画が 検討される。

(4)　こうして決定された店舗企画設計にもとづいて施工業者を 決定する。

(5)　施工業者によりテナント内装工事が進められるが，並行し て〔オ〕企画を進める。

〈語　群〉
①リーシング　　　　　②店舗運営計画
③開店準備　　　　　　④スペースマネジメント
⑤店舗施設計画　　　　⑥テナントミックス計画
⑦デザインマネジメント　⑧プロモーション
⑨投資・採算収益計画　　⑩マーチャンダイジング

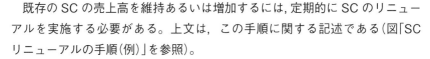

第1章

第2章

第3章

第4章

第5章

模擬テスト

POINT!! 解説

　既存の SC の売上高を維持あるいは増加するには，定期的に SC のリニューアルを実施する必要がある。上文は，この手順に関する記述である（図「SC リニューアルの手順（例）」を参照）。

ア〜ウ：アには投資・採算収益計画，イにはテナントミックス計画，ウには
　　リーシングがそれぞれ入る。リーシングとは，テナントを定期的に入れ替
　　えることをいう。つまり，テナントミックス計画においては，ゾーンプラ
　　ンニングとともにリーシングが重要事項となる。
エ：スペースマネジメントが入る。ここでは，スペースマネジメントととも
　　にデザインマネジメントが行われる。デザインマネジメントでは，色彩，
　　サイン，照明，設備・器具・什器が検討される。
オ：開店準備が入る。具体的には，テナント会の教育，オープン告知広告や
　　チラシ広告などの開店広告，各種印刷物の発注などが行われる。

　なお，SC のディベロッパーは，SC の売上高を増加するため，テナントが
営業しやすく，かつ，利用者（顧客）に喜ばれる運営をしなければならない。
ハンドブックでは，その際に必要とされるテナント運営管理業務の基本要件
として次の 6 つを挙げている。表「テナント運営管理業務の基本要件」を参照
のこと
　①SC 戦略立案業務
　　・SC 中長期戦略の策定
　　・年度営業戦略
　　・リスクマネジメント政策
　②予算管理業務
　　・収入計画立案
　　・営業費用計画立案
　③運営管理業務
　④入・退店管理
　⑤渉外管理
　⑥情報管理

正解　□ ア⑨　□ イ⑥　□ ウ①　□ エ④　□ オ③

図　ＳＣリニューアルの手順（例）

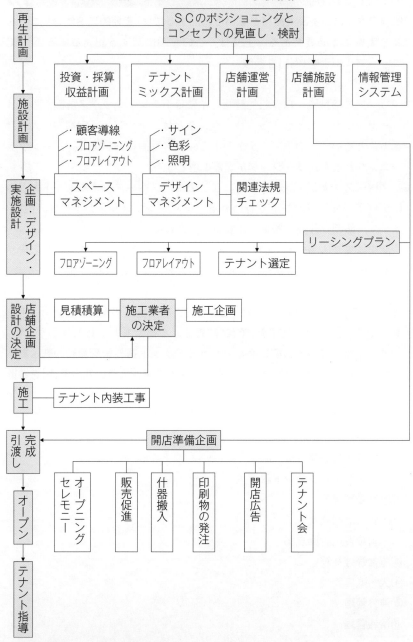

出典：『販売革新』2006年6月号商業界を一部加工修正
出所：『販売士ハンドブック（発展編）』

表 テナント運営管理業務の基本要件

1	SC戦略立案業務	①SC中長期戦略の策定（運営・リニューアルプランも含む） 　・SCビジョンの確立 　・地域商業と連動，連携（街づくり方針） 　・地域戦略，競合戦略 ②年度営業戦略 　・SCコンセプトの再設計 　・営業方針設定 ③リスクマネジメント政策（事故・災害時の対応）
2	予算管理業務	①収入計画立案 　・定額家賃収入 　・歩合家賃収入 　・共益費，駐車場負担金 　・販売促進負担金　など ②営業費用計画立案
3	運営管理業務	①売上予算管理 　・テナント営業指導業務 　・マーチャンダイジング 　・レイアウト 　・VMD（ビジュアルマーチャンダイジング） 　・顧客管理 　・接客サービス（カスタマー・サティスファクション強化） 　・テナント運営サポート 　・テナント本部交渉 　・プロモーション計画
4	入・退店管理	①契約管理 ②入店計画立案 ③退店管理
5	渉外管理	①顧客サービス管理 ②地域および当該行政対応管理 ③社会貢献活動
6	情報管理	①社内外情報管理 ②個人情報保護法対応

出典：『販売革新』2006年6月号　商業界
出所：『販売士ハンドブック(発展編)』

第1章

第2章

第3章

第4章

第5章

模擬テスト

□ 次の文中の〔　　〕の部分に，下記の語群のうち最も適当なもの
を選びなさい。

　　SCの基本〔ア〕や方針を常に維持し，時代のトレンドに合わせ
て刷新する必要がある。SCの開発に際しては，その〔イ〕に合わ
せてSC〔ア〕を構築することから始まる。その運営についても，
ディベロッパーとテナントがその〔ア〕に従うことが原則である。

　　つまり，ディベロッパー側は，ハード面としての〔ウ〕の維持，
管理，ソフト面としてのテナントに対しての営業指導，販売促進
などを提供する。〔ウ〕の維持，管理に関しては，環境面での
ISO14000，安全面での〔エ〕，ユニバーサルデザインなどへの配
慮が求められる。

　　これに対し，テナント側は，個店のデザイン，マーチャンダイ
ジング，〔オ〕などについて，SC〔ア〕にもとづき運営する。

〈語　群〉

①核店舗　　　　　②建物　　　　　③モール
④バリアフリー対策　⑤立地　　　　　⑥コンセプト
⑦接客サービス　　　⑧戦略　　　　　⑨顧客ロイヤルティ
⑩セーフティネット

POINT!! 解説

　　ハンドブックでは，ディベロッパーが実施すべきSC運営業務（テナント
への営業支援の必要性）として次の2つを挙げている。

① SCの基本コンセプトと経営方針の相互理解

　　これについては，上記の通りである。

②円滑なコミュニケーションづくり

　　「大多数のディベロッパーが行っているテナント管理は，ソフト面におい
ては販売促進業務に力を入れる担当者が多いが，本来はテナントとのコミュ
ニケーションを構築することにある」というもの。なお，表は，ディベロッパー
が行うテナントとの確認事項である。つまり，ハンドブックでは「ハード面

での支援は必要であるが，それ以上にソフト面での支援強化によって SC の差別化と個性化が実現できる」と述べている。

表　リージョナル SC のテナント運営指導（例）

基本的事項	次のデータをもとに営業成績の悪いテナントへの運営指導を行う。SC営業担当者は，店舗経営を十分に理解したうえで，テナントとパートナーシップ（運命共同体）にもとづいて行う。 ①当該SCのデータ…売上，客数，客層，顧客満足調査レポートなど ②当該テナントの出店場所，ゾーニング，レイアウト ③当該テナントの経営状況…店舗面積，売上，客数，マーチャンダイジング，顧客満足調査レポートなど ④テナントオーナーの性格 ⑤資金，人材などの制約条件
テナント支援フロー	①問題点抽出マトリックス・シートにより最重要問題点を抽出する。 ②経営資源（ヒト・モノ・カネ・ノウハウなど），あるいは経営機能別（店舗，商品，販売，仕入，財務，サービス，情報など）要件を整理して，問題点抽出マトリックス・シートに抽出する。 ③それぞれの問題点について，重要度のポイントづけを行う。この基準は，抽出した問題点を数値化（重要度の高い順に4・3・2・1の点数づけ）して定量化する。 ④これらの合計点の高い要因を最重要問題点として設定し，具体的な解決策を導く。

出典：『販売革新』2006 年 6 月号　商業界
出所：『販売士ハンドブック（発展編）』

正　解　□ ア ⑥　□ イ ⑤　□ ウ ②　□ エ ④　□ オ ⑦

記述式穴埋問題（2）　｜キーワードは**これだ！**

> 次の各問の〔　　〕の部分にあてはまる最も適当な語句・短文を記入しなさい。

① 日本のSC（ショッピングセンター）にはさまざまな集積形態があるが、これらのうち〔　　〕型とは、郊外に多く、主に総合品ぞろえスーパーが核店舗となった地域SCのことをいう。

> （空欄）

② SCの業態特性は4点に集約されるが、これらのうち〔　　〕とは、商店街が自然発生的であるのに対し、SCは立地の選定、施設の規模、施設の機能など、あらゆるものが計画的に立案されていることをいう。

> （空欄）

③ 〔　ア　〕とは、不動産関係の資産を証券化することである。証券化により不動産は細かく細分化されるため、投資規模を〔　イ　〕でき、数多くの投資家が間接的に不動産投資が可能となる。この結果、不動産市場への資金流入が加速化され、ディベロッパーによるショッピングセンター建設などが資金面で従来よりも容易となる。

> ア　（空欄）　　　イ　（空欄）

④ 〔　ア　〕制度とは、契約で定めた期間の終了により、契約が更新されることなく、確定的に終了する賃貸借契約制度のことである。従来の借家契約の場合、正当な事由がない限り、〔　イ　〕から契約の更新は拒絶できなかった。

> ア　（空欄）　　　イ　（空欄）

⑤ 〔 ア 〕とは，空港，高速道路，ターミナル駅など大量輸送機関の拠点のこと。これまで SC（ショッピングセンター）は郊外を中心に建設されてきたが，最近，〔 ア 〕に SC を建設する動きが強まっている。つまり，飛行機利用客を対象とした〔 イ 〕商業施設，高速道路利用者を対象とした〔 ウ 〕商業施設，鉄道利用客を対象とした〔 エ 〕商業施設が次々に建設されている。

ア	イ
ウ	エ

⑥ 〔 ア 〕は，SC などの施設を建設当初の性能に戻すことであり，元に戻すための修復の意味合いが強い。これに対して，〔 イ 〕は，老朽化した SC などの施設の性能を向上させて付加価値をつける行為が含まれる。

ア	イ

⑦ SC の業態特性は 4 点に集約されるが，これらのうち，〔 ア 〕とはモノやサービスにとどまらず，アミューズメント，スポーツ，文化などのあらゆる欲求を満たすことが可能になっていることをいい，〔 イ 〕とは 1 つの商業施設で生活に必要なモノ・サービスのすべてを購入できるワンストップショッピングを実現するため，数多くの小売業・サービス業が集積配置されていることをいう。

ア	イ

⑧ 〔 ア 〕とは，不動産を証券化することで数多くの投資家から集めた資金でオフィスビル，商業施設，マンションなどの不動産を購入し，その賃貸収入や売買益を投資家に分配する商品のこと。〔 ア 〕は日本では頭に JAPAN の「J」をつけて，J-〔 イ 〕と呼ばれている。

ア	イ

⑨ 〔　　〕とは，商業集積活性化の基本となるコンセプトを実現するため，最適なテナント（業種・業態）の組み合わせのことである。コンセプトをもとに，マーケット・ニーズに合った最適なMD（品ぞろえ・商品戦略）計画と，それを提供する店舗の業種・業態の構成を行う。

⑩ 日本のSC（ショッピングセンター）は1960年代後半以降本格的に発展したが，それは「都心型開発」と「〔　　〕」の大きな2つの流れに沿って推進された。この結果，SC総数は2021年には3,169となった。

⑪ オフィス賃貸業のマーケティング対象が企業であるのに対して，SC事業のそれは〔　ア　〕である。また，オフィス賃貸業の経営指標が空室率（稼働率）であるのに対して，SC事業のそれは〔　イ　〕である。

ア	イ

⑫ 〔　ア　〕が建物などのハード面のみならず，株や債権などを含めたすべての資産のポートフォリオを管理運営する業務であるのに対し，〔　イ　〕は主に土地・建物などの不動産を効率的に維持管理する業務である。

ア	イ

⑬ 近年，物流車両のCO_2規制や店舗のエネルギー消費の軽減など，SCの管理運営に関連する環境保全の問題は，地域社会の一員としてのSCの責務となり，SCの〔　ア　〕が問われている。また，企業市民として〔　イ　〕を経営の基礎においた展開なくしては，今後のSCの持続的発展が難しい時代となった。

ア	イ

⑭ バブル経済崩壊後，日本経済がデフレ消費不況時代に突入したことから，SC業界はこうした状況に対応するため，従来の土地の〔 ア 〕を重視した，いわゆるストック型の経営から，土地の価値を高め，土地の生み出す収益を意識した〔 イ 〕経営への転換を余儀なくされた。

ア	イ

⑮ 2000年代に入ると，比較的狭い商圏で，地元の生活者を対象とした地域密着型の新しい業態である〔　〕が建設された。この新しいタイプのSC（ショッピングセンター）の特徴は，オープンモールであること，基本的に核テナントがないこと，郊外でなく都市周辺地区に立地していることなどである。

⑯ 都市型複合機能SCは近年，次々に建設された。2003年の「六本木ヒルズ」に始まり，2004年に「丸の内オアゾ」，2006年に「表参道ヒルズ」，2007年に六本木の旧防衛庁跡地を再開発した「〔 ア 〕」，2011年に「大阪ステーションシティ」，2012年には東京スカイツリータウン内に「〔 イ 〕」が開業した。

ア	イ

⑰ 〔　〕SCとは，百貨店，総合品ぞろえスーパー，専門店が一体の広域から集客するショッピングセンターのことで，非日常的な買物をカバーする業態を集積している。

①コミュニティ

解説 コミュニティ型のほかに，よく出題されると考えられるのはネイバーフッド型，リージョナル型，価格訴求型である。

②計画性

解説 SCの業態特性は，計画性，集積性，総合性，統一性の4点に集約される。「計画性」については，"あらゆるものが計画的であること"の箇所がポイント。

③アー不動産証券化　　イー小口化

解説 「証券化により不動産は細かく細分化されるため，投資規模を小口化でき，数多くの投資家が間接的に不動産投資が可能となる」の箇所がポイント。「間接的」も覚えておくとよい。

④アー定期借家　　イー賃貸人

解説 定期借家契約では，契約期間の満了に伴い，確定的に契約は終了するが，賃貸人と賃借人の双方が合意すれば，改めて再契約を結ぶことができる。なお，定期借家契約を結ぶことができる建物は住宅だけではなく，事業用の建物についても結ぶことができる。

⑤アーマストラ拠点　　イー空ナカ
ウー道ナカ　　　　エー駅ナカ

解説 こうしたSC（ショッピングセンター）の新たな動きは，都市型複合機能SCの建設などにもあらわれている

⑥アーリニューアル　　イーリノベーション

解説 最近，都市生活のさまざまな変化に対応するため，SCのリニューアルではなく，SCのリノベーションに着手する動きが始まった。つまり，SCはリノベーションによる新たな付加価値創造への挑戦が始まったといえる。

⑦アー総合性　　イー集積性

解説 「総合性」については，"あらゆる欲求を満たすことが可能になっていること"の箇所がポイント。「集積性」については，"数多くの小売業・サービス業が集積配置されていること"の箇所がポイント。

⑧アー不動産投資信託　　イー REIT

　解説 よって，不動産投資信託は投資信託の一種である。不動産投資信託のメリットは現在の超低金利の状況のもとで，高利回りを期待できることである。また，不動産投資信託は賃貸収入が利益の源泉であるため，株価のような大きな変動が少ないことから，比較的安定的な投資といわれている。

⑨テナントミックス

　解説 テナントミックスは一般に次の手順で行われる。
　①マーケティングなどにより，その地域のニーズに合った業種・業態を調べる。
　②ターゲット層を決める。
　③業種・業態の具体化・細分化を行い，個店の配置計画を立てる。
　④テナントミックスを開始する。
　⑤テナントに対するヒアリングを行う。
　⑥テナントミックスの再検討を行いながら，業務を推進する。

⑩郊外型開発

　解説 「郊外型開発」の SC は，1970 年代以降，都市圏で顕著にみられた都市のスプロール化とモータリゼーションの進展を背景に増加した。

⑪アー生活者　　イー売上高

　解説 オフィス賃貸業と SC 事業の違いについては，P160 に掲載した「表2　オフィス賃貸業と SC 事業の比較」を見てもらいたい。

⑫アー AM　　イー PM

　解説 「AM」と「PM」については，P162 に掲載した「AM（Asset Management）」と「PM（Property Management）」を見てもらいたい。

⑬アーコンプライアンス（法令順守）　　イー企業の社会的責任

　解説 記述式穴埋問題対策として，「コンプライアンス」と「企業の社会的責任」は必須用語といえる。「企業の社会的責任」が強く叫ばれて半世紀以上経つが，いまだこれが社会の大きなテーマとなっている。

⑭ア－含み益　　イーキャッシュフロー

　　解説 バブル経済崩壊，長年にわたり不況が続いたことから「失われた
　　10年」などといわれた。この不況はデフレ消費を主要因としたもので，
　　まさに経済が長期にわたり低迷したことから，各業界とも抜本的改革
　　を迫られることになった。SC 業界はこの大きな経営環境の変化に対
　　応するため，"ストック経営からキャッシュフロー経営への転換""所
　　有と経営の分離"などを実施した。ここでいう，"所有と経営の分離"
　　とは，ディベロッパーが土地や建物を所有するオーナーと，商業施設
　　を管理・運営する企業体の分離を推進したことをいう。

⑮ライフスタイルセンター

　　解説 ライフスタイルセンターは従来の SC とは異なり，高所得者を対
　　象としており，消費生活の高度化を多様化への対応を目指している。

⑯ア－東京ミッドタウン　　イーソラマチ

　　解説 このほかでは，2008 年に「赤坂サカス」が開業した。なお，「六
　　本木ヒルズ」は新しい都心型集積として注目された。

⑰リージョナル型

　　解説 P158 の「表　日本の多様な SC 形態」を見てもらいたい。

リテールマーケティング（販売士）検定試験
1級　模擬テスト（小売業の類型）

㊟実際のネット試験では，テスト開始の前に，
練習画面があって解答練習ができます。

模擬テストを始める前に

「ネット試験の概要」(P10) で説明したように，実際のネット試験は次のようになっています。

小売業の類型　1／20問

次の各問の〔　　〕の部分にあてはまる最も適当なものを選択肢から選びなさい。

日本のSC（ショッピングセンター）は目覚ましい発展に伴い，多様な集積形態を生み出してきた。これらのうち，〔　　〕とは，スーパーマーケットとドラッグストアなどの生活密着型店舗形態を組み合わせた小型SCのことである。

- ○　リージョナル型
- ○　ネイバーフッド型
- ○　コミュニティ型
- ○　価格訴求型

小売業の類型　2／20問

次の各問の〔　　〕の部分にあてはまる最も適当なものを選択肢から選びなさい。

循環型社会基本法は循環型社会を形成するうえでの国の基本方針である。同法では，廃棄物の最終処分量を削減するため，優先順位を定めているが，そのトップに挙げているものは〔　　〕である。

第1章

第2章

第3章

第4章

第5章

模擬テスト

- ○ リデュース
- ○ リユース
- ○ マテリアルリサイクル
- ○ サーマルリサイクル

小売業の類型　　11/20 問

次の各問の〔　　〕の部分にあてはまる最も適当な語句・短文を記入しなさい。

フランチャイジーにとって，月々どれくらいの利益を出せるか，投資した資金が何年で回収できるかは重要な関心事である。
一般に投資回収期間は，加盟金や設備投資をはじめとした初期投資額を，年間で稼いだ〔　　〕の額で割ることによって算出できる。

しかし，本書の「模擬テスト」は次のような出題形式にしますので，その点はご了解下さい。

◆小売業の類型

●次の各問の〔　　〕の部分にあてはまる最も適当なものを選択肢から選びなさい。
　① 日本のSC（ショッピングセンター）は目覚ましい発展に伴い，多様な集積形態を生み出してきた。これらのうち，〔　　〕とは，スーパーマーケットとドラッグストアなどの生活密着型店舗形態を組み合わせた小型SCのことである。

　　　　∘　リージョナル型　　　∘　ネイバーフッド型
　　　　∘　コミュニティ型　　　∘　価格訴求型

②　循環型社会基本法は循環型社会を形成するうえでの国の基本方
　　針である。同法では，廃棄物の最終処分量を削減するため，優先
　　順位を定めているが，そのトップに挙げているものは〔　　〕で
　　ある。
　　　　∘　リデュース　　　　　　　∘　リユース
　　　　∘　マテリアルリサイクル　　∘　サーマルリサイクル

③　——————————————————————————
　　——————————————

　　　　　　　　　　　　〜　　　　　　　　〜

●次の各問の〔　　〕の部分にあてはまる最も適当な語句・短文を記
　入しなさい。
⑪　フランチャイジーにとって，月々どれくらいの利益を出せるか，
　　投資した資金が何年で回収できるかは重要な関心事である。
　　　一般に投資回収期間は，加盟金や設備投資をはじめとした初期
　　投資額を，年間で稼いだ〔　　〕の額で割ることにより算出できる。

⑫　——————————————————————————
　　——————————————

〈制限時間〉
　　ネット試験の制限時間は5科目で90分です。本書の模擬テストは「小
　売業の類型」なので，(90 ÷ 5) × 1 = 18 × 1 = 18（分）とします。

模擬テスト１（小売業の類型）

〈制限時間：18分〉
（各5点 × 20 ＝ 100点）

◆**小売業の類型**

◉次の各問の〔　　〕の部分にあてはまる最も適当なものを選択肢から選びなさい。

① フランチャイザーは，フランチャイジーの繁栄を実現するために努力し，フランチャイジーは自ら業績を向上させることによってフランチャイザーの機能強化をはかる。この好循環が，いわゆる〔　　〕である。

- 機能分担の原則
- 独立経営の原則
- 相互発展の原則
- 統一性の原則

② 小売業はメーカーと異なり，輸出すべき独自の商品やブランドを所有していないため，小売業の国際化は店舗投資というリスクを抱えている。よって，このリスクを回避する手段として，〔　　〕のような低関与型の市場参入から始めることになる。

- 業務提携
- 部分提携
- 資本提携
- 共同経営

③ 従来，延べ床面積3,000m² 以上の大規模商業施設は，市街化区域では，6つの用途地域で立地可能であった。ところが，建築基準法の改正により，延べ床面積10,000m² 超の大規模集客施設が立地可能な用途地域は，「商業地域」「近隣商業地域」「〔　　〕」の3つに限定された。

- 工業地域
- 準住居地域
- 準工業地域
- 第二種住居地域

④ FC の本部設立の際にはさまざまな機能が必要になるが，〔　　〕は加盟店に対して商品の販売状況や顧客動向，業界情報などを適宜提供する機能をいう。

- 販売促進機能
- 金融機能
- 教育・訓練・指導機能
- 情報機能

⑤ 空き店舗の問題が商店街の構造的課題の 1 つとなって久しい。令和 3 年度商店街実態調査でこの取組みについて質問したところ，過半数を超える（58.4%）商店街が〔　　〕と回答した。

- 特に関与していない
- 家主に対して賃貸の要請を行う
- 駐車場又は駐輪場として活用・利用する
- NPO，産学官連携などの活躍の場として提供する

⑥ 〔　　〕とは，池袋「パルコ」が先駆けとされ，「新宿ルミネ」「ラフォーレ原宿」「渋谷 109」と参入が続いた，核なしテナントビルのことである。

- インテリジェントビル
- ファッションテナントビル
- おしゃれビル
- ペンシルビル

⑦ 小売業が海外市場に参入するパターンを決定する意思決定変数は 3 つあるが，このうち〔　　〕は企業が保有する特定的なノウハウの価値などをいう。

- 戦術変数
- 環境変数
- 戦略変数
- 取引費用変数

⑧ チェーンストアでは，通常，〔　　〕を採用し，店長が縦方向に商品カテゴリーを単位として店舗損益を管理し，本部のバイヤーが横方向に部門損益を管理している。

- 機能別組織
- フラット組織
- マトリックス組織
- 分権型組織

⑨ 「令和 3 年度商店街実態調査」において，商店街に“期待されていると思うもの”について聞いたところ，〔　　〕が最も多く，69.0％を占めた。
- ◦ 地域の賑わいの創出
- ◦ 地域の歴史・文化の担い手
- ◦ 治安や防犯への寄与
- ◦ 地域住民への身近な購買機会を提供

⑩ アソートメント特性からドラッグストアを類型化すると，〔　　〕DgS の場合，主力商品は H&BC ではなく，加工食品や一般雑貨のウェートが高くなり，一般用医薬品は扱うものの，その品目数は極めて少ないものとなる。
- ◦ バラエティ志向型　　　◦ ディスカウント志向型
- ◦ 便利志向型　　◦ 専門志向型

◉次の各問の〔　　〕の部分にあてはまる最も適当な語句・短文を記入しなさい。

⑪ ロイヤリティの算出方法にはいくつかあるが，〔　　〕は最も一般的な方法で，ハンバーガーチェーンなど多くの外食産業が採用している。

⑫ 大店法の特徴は〔　　〕を保護するため，店舗面積や休業日数，営業時間などを規制したことにある。1980 年代後半以降，市場開放と規制緩和を求めるアメリカなどから同法は参入障壁として批判された。

⑬ 〔　　　〕は1993年11月に公布・施行された国の環境政策の基本
的方向を定めた法律である。地球環境問題までを視野に収め，経
済活動による環境への負荷を少なくし，環境保全型社会を構築す
ることを基本理念としている。

> [空欄]

⑭ 専門大型化小売業は生活シーンに必要な商品カテゴリーを専門
的に深く取りそろえており，かつ超低価格である。〔　　　〕は専門
大型化小売業に比べると，品ぞろえは広いものの著しく浅く，か
つ高価格となっている。

> [空欄]

⑮ チェーンオペレーションのメリットとしては，事業規模の拡大、収
益力の向上，コスト削減,〔　　　〕導入による物流システムの効率化
などがある。

> [空欄]

⑯ 〔　　　〕は，新規開業を目指す人に対し，商店街の空き店舗など
を安価な家賃で一定期間貸し出し，開業準備をサポートする事業
である。活力のある新たな商業者の参入をはかることで空き店舗
の解消，街の賑わいの復活などへの寄与を目的としている。

> [空欄]

⑰ 〔　　　〕のメリットは，仕入業務のみを担当する専従者が市場の
動向や変化などをすばやく把握することで，顧客のニーズに対応
した商品を仕入れることができることである。一方，仕入と販売
の両機能が一体化しないため，きめ細かいマーチャンダイジング
が難しいものとなることである。

> [空欄]

⑱　従来型小売業の立地戦略は，顧客が集中しているエリアか，または顧客になる可能性の高いターゲットが集中しているエリアを選定し，出店してきた。これに対し，〔　　〕の立地戦略は，買物需要が潜在しているが，それが顕在化する業態が不足しているルーラルというエリアに出店することになる。

⑲　スーパーマーケットのカスタマーサービス強化の方法の1つとして，次のものがある。ペリシャブル商品群をただ壁面に沿って並べるという従来のセルフサービス販売方式の考え方を改め，提案やカウンセリングを伴う売り方を創出するための〔　　〕を配置することである。

⑳　日本の百貨店は，フルラインマーチャンダイジングによる〔　　〕政策を基本としている。このため，日本の百貨店は総合品ぞろえ小売業態となってる。

得点 ╱ 100点

◆小売業の類型

①－相互発展の原則

解説 フランチャイズ組織の運営原則は，「統一性の原則」「機能分担の原則」「独立経営の原則」「相互発展の原則」などがある。これらの運営原則は択一式穴埋問題のみならず記述式穴埋問題でも出題されるので，十分準備しておこう。

②－業務提携

解説 まずは業務提携を行い，次に基本提携へと進むことになる。そして最後に目指すのは，単独立地の直営店舗の出店である。

③－準工業地域

解説 この問題は，択一式穴埋問題のみならず記述式穴埋問題でもよく出題されるので，確実に覚えておこう。

④－情報機能

解説 この問題が記述式穴埋問題で出題された場合，「情報機能」とすぐに書けるかどうかが問題。

⑤－特に関与していない

解説 令和３年度商店街実態調査で「特に関与していない」と回答した商店街は 58.4% であったが，その値は前回調査（平成 30 年度）より 1.4 ポイント高いものであった。よって，今後の調査でも「特に関与していない」と回答する商店街が 50% を超えるものと考えられる。

⑥－ファッションテナントビル

解説 ファッションテナントビルは日本の SC 形態の１つで，ファッション分野のテナントに特化し，集積した都市型ショッピングセンターのことである。

⑦－取引費用変数

解説 意思決定変数は，戦略変数，環境変数，取引費用変数の３つである。戦略変数は主に現地経営に対する統制のレベルのこと，環

境変数はカントリーリスクや競争の変化，需要の状況などのこと。

⑧－マトリックス組織

　解説　マトリックス組織の場合，2人の管理者が存在するため，二重の管理による問題が生じることがある。

⑨－地域住民への身近な購買機会の提供

　解説　令和3年度商店街実態調査では，第1位が「地域住民の身近な購買機会の提供」(69.0%)，第2位が「治安や防犯への寄与」(63.3%)，第3位が「地域の賑わいの創出」(62.2%) であった。よって，これら上位3つは覚えておくとよい。

⑩－ディスカウント志向型

　解説　バラエティ志向型の場合，主力商品はH&BCである。便利志向型の場合，一般用医薬品のウェートを低下し，その分，ほかのカテゴリーを平均的に高めている。専門志向型の場合，主力商品は調剤または独自分野の医薬品である。

⑪－売上高比例方式

　解説　売上高比例方式のほかに，粗利益分配方式，定額方式，営業規模比例方式，商品供給代替方式などがある。

⑫－中小小売業

　解説　大店法（大規模小売店舗法）は1980年代後半以降，市場開放と規制緩和を求めるアメリカなどから参入障壁として批判され，WTO（世界貿易機関）に提訴されたのを機に，中小小売業の反対を押し切って2000年6月に廃止された。

⑬－環境基本法

　解説　循環型社会基本法は，環境基本法の一部を取り出し，環境問題のうち緊急性の高い廃棄物・リサイクル対策に絞って基本的枠組みを定めたものである。

⑭－スーパーストア（総合品ぞろえスーパー）

　解説　専門大型化小売業とは，専門店チェーンのことである。専門

第1章

第2章

第3章

第4章

第5章

模擬テスト

店チェーンですぐに思い浮かぶのが紳士服と家電であろう。かつて，総合品ぞろえスーパーも家電売場として相当のスペースを確保していたが，大型家電専門店と比べると見劣りするものであった。また，価格も大型家電専門店と比べると高いものであった。

⑮－ロジスティクス

解説　チェーンオペレーションのデメリットとしては，市場の変化への対応力の不十分さ，チェーン本部の独創的政策やマニュアル運営に縛られることから店舗の従業員1人ひとりがその能力を発揮できないケースがしばしば生じること，などが挙げられる。

⑯－チャレンジショップ

解説　各店舗の活性化は自主的な経営改善努力に任されているが，今後の商店街づくりにあたっては商店街組織が個店の活性化に向けて，仕入，マーケティングなどの店舗間連携の促進，チャレンジショップを通じた新たな担い手の誘致などを行う必要がある。

⑰－セントラルバイング・システム

解説　セントラルバイング・システムとは，複数の店舗で販売する商品の全部または一部を本部で一括仕入する方式のこと。

⑱－スーパーセンター

解説　スーパーセンターと従来型小売業の立地戦略の違いについて記述したものである。スーパーセンターの立地戦略は"ルーラル"がポイントである。

⑲－専門ゾーン

解説　これにより，単純なコスト削減からカスタマーサービスの強化をはかることができる。

⑳－マルチターゲット

解説　これに関して，ハンドブックは，「フルラインマーチャンダイジング，マルチターゲットという"業種の総合化"的店づくりを維持していくうえで，商品ロスや在庫リスクを負わない委託・返品制度は百貨店としても好都合の制度であったことは否めない」と述べている。

模擬テスト 2 （小売業の類型）

〈制限時間：18 分〉

◆**小売業の類型**　　　　　　　　　　（各 5 点 × 20 ＝ 100 点）

◉次の各問の〔　　〕の部分にあてはまる最も適当なものを選択肢から選びなさい。

①　1990 年前後を境に，再び外資参入ブームが巻き起こった。1990年代の日本における小売市場の国際化では，全体の約 70％が米国企業の参入で，店舗形態別にみると〔　　〕の進出が顕著であった。
- 専門店チェーン
- ドラッグストア
- ホームセンター
- スーパーセンター

②　循環型社会基本法が 2000 年 6 月に制定された。同法では廃棄物の最終処分量を削減するため，その優先順位を〔　　　　　　　　　　〕と定めた。
- リユース→リデュース→マテリアルリサイクル→サーマルリサイクル
- リデュース→リユース→マテリアルリサイクル→サーマルリサイクル
- リユース→リデュース→サーマルリサイクル→マテリアルリサイクル
- リデュース→リユース→サーマルリサイクル→マテリアルリサイクル

③　〔　　〕はフランチャイズ契約が終了したときに返還されるが，フランチャイジーがフランチャイザーに対して未払いの商品代金などの債務がある場合には，その額を差し引いたものがフランチャイジーに返還される。
- 加盟金
- ロイヤリティ
- 保証金
- 敷金

④　百貨店の構造的問題として挙げられるのが,「委託・返品制度への依存」と「〔　　〕」の2つである。後者は百貨店の売場をサプライヤーなどに切貸しするものである。

- 　° 　アンダーアロケーション　　　° 　メーカーアロケーション
- 　° 　サプライヤーアロケーション　　° 　ベンダーアロケーション

⑤　チェーンストアの物流では,一般に,物流センターまでの単品大量輸送においては,規模の効率性が追求される。そして,物流センターから店舗までの個別品ぞろえ輸送においては,多品種少量型の〔　　〕による配送をいかに効率化するかが重要となる。

- 　° 　ロジスティクス　　　° 　共同配送システム
- 　° 　ジャストインタイム物流システム　　° 　統合型物流システム

⑥　〔　　〕商店街の課題は,従来の商業機能に加え,地域住民の高まる多様なニーズに対応できるマルチな機能の担い手へと変革することにある。

- 　° 　複合型　　　° 　転換型
- 　° 　単独型　　　° 　融合型

⑦　2021年末時点で営業中の総SC数は3,169 SC,総テナント数は〔　　〕店舗,1SC平均テナント数は52店舗,総キーテナント数は2,901店舗である。

- 　° 　50,974　　　° 　89,784
- 　° 　302,378　　° 　163,992

⑧　家電リサイクル法の対象品目は現在,エアコン,テレビ(ブラウン管,液晶・プラズマ),冷蔵庫,冷凍庫,洗濯機・衣類乾燥機である。2007年8月に新たに対象品目に追加されたものは,液晶・プラズマテレビと〔　　〕である。

- 　° 　エアコン　　　° 　冷凍庫
- 　° 　洗濯機　　　° 　衣類乾燥機

⑨　中心市街地活性化法が 2006 年に改正された。改正前においては市町村の方針に沿って〔　　〕が構想・計画を策定していたが，改正後は中心市街地活性化協議会が設立され，その意見を反映しながら，市町村が基本計画を策定することになった。
- ◦　TEO　　　　◦　TLO
- ◦　TMO　　　　◦　TRO

⑩　従来，非線引き白地地域や〔　　〕で用途地域が定められていない地域は立地規制が緩かったが，建築基準法の改正により，延べ床面積 10,000㎡超の大規模集客施設の立地は原則不可となった。
- ◦　市街化区域内　　　　　◦　都市計画区域外
- ◦　市街化調整区域内　　　◦　準都市計画区域内

●次の各問の〔　　〕の部分にあてはまる最も適当な語句・短文を記入しなさい。

⑪　〔　　〕とは「特定目的会社による特定資産の流動化に関する法律」のことで，1998 年 10 月に同法が施行されたことで，本格的な不動産証券化の仕組みが導入された。

⑫　スーパーセンターの商品政策の1つは，スーパーストアの主たる顧客層よりも所得の低い〔　　〕・ニーズに対応し，ベーシックな必需品中心の商品構成で，特に付加価値を追求しないことである。

⑬　SC（ショッピングセンター）におけるディベロッパーの役割は，SC
　　が持続的に高い収益を上げることができるために，魅力ある〔　　〕
　　を計画・実行し，顧客に喜ばれる運営を遂行することができる。

⑭　ホームセンターの住居関連需要には〔　　〕があるが，これは
　　具体的には台所，トイレ，バスルーム，リビングなど必需性の高
　　い義務的メンテナンス部分を指している。

⑮　アメリカのデパートメントストアは主要顧客を絞り込み，その
　　顧客のニーズなどに合わせた品ぞろえを行う〔　　〕を基本とし
　　ている。このため，アメリカのデパートメントストアは専門型品
　　ぞろえ小売業態となっている。

⑯　専門店業界が近年，二極分化傾向にある背景には2つの要因があ
　　る。すなわち，団塊の世代の高齢化と団塊ジュニア市場の拡大化と
　　いう「〔　　〕要因」と，カジュアル化の進展という「ライフスタイ
　　ル要因」である。

⑰　都市計画法では，住宅地域，商業地域，工業地域などエリアに
　　マッチした都市開発が行われるように，用途地域を定めて建築に
　　関するさまざまな規制を実施している。2018年4月，改正都市計
　　画法の施行に伴い，新しい用途地域として〔　　〕が追加された。

⑱　DCMは，小売店における単品管理と顧客購買に関する「仮説（計画）→実施（実践）→検証（評価）→改善」といったPDCAサイクルにもとづき商品の品ぞろえや発注の最適化をはかり，市場変化に対応した小売業主導の〔　　〕を実現することをビジネスコンセプトとして登場した。

⑲　アソートメント特性からみた場合，ドラッグストアは４つのタイプに分類できる。このうち，〔　　〕型ドラッグストアはワンストップショッピング・ニーズに応える商品構成でなければならないため，多品種，多量品目の構成となっている。つまり，品ぞろえのフルライン化を売りにしている。

⑳　CVSシステムが創出した流通面における効用に，「〔　　〕の効用」がある。これは，CVSシステムはPOSデータにもとづいて品ぞろえを行っていることから，消費者がすぐに必要となる商品をすぐに購入できるという品ぞろえになっていることをいう。

模擬テスト2　正解 & 解説

◆小売業の類型

①－専門店チェーン

解説　2000年に大店法が廃止されると，スーパーセンター形態のウォルマートやハイパーマーケット形態のカルフールが日本に進出した。しかし，ウォルマート，カルフールなどのグローバルリテーラーはその後，日本から撤退した。

②－リデュース→リユース→マテリアルリサイクル→サーマルリサイクル

解説　リデュースとは廃棄物の発生を抑制すること。リユースとは，使用済み商品などを適正に再使用すること。マテリアルリサイクルとは，回収された廃棄物を原材料として適正に再生利用すること。サーマルリサイクルとは，資源として利用できない廃棄物を燃やしてその熱を利用する熱回収のこと。

③－保証金

解説　フランチャイジーがフランチャイズビジネスを始める際に必要な資金として，加盟金のほかに，保証金，ロイヤリティ，開業前研修費・販促費・初期商品仕入代金，敷金，礼金・仲介手数料，前払い家賃などがある。

④－ベンダーアロケーション

解説　メーカーには「商品を製造する」という意味が含まれている。サプライヤーには「商品を供給する」という意味が含まれている。ベンダーには「商品を売る」という意味が含まれている。なお，ベンダーアロケーションは一般には「納入先企業スペースの割当」と訳されている。

⑤－ジャストインタイム物流システム

解説　ロジスティクスとは，モノの移転に関する統合管理のこと。たとえば，メーカーの原材料調達に始まり，製品が小売業まで流れるプロセスにおいて，輸送や保管という作業をできるだけ効率化することをいう。共同配送システムとは，1台のトラックに異なる企

業の荷物を載せて、同一の配送先（配送センターあるいはデポ）へ
同時納入を行うことをいう。

⑥－複合型

解説　つまり，複合型商店街の課題・方向性は，商業需要以外の多
様なニーズに対応していくことである。これに対して，単独型商店
街の課題・方向性は，多様な商業需要に対応していくことである。

⑦－163,992

解説　試験対策としては，数字は正確に覚える必要はない。このタ
イプの問題が記述式穴埋問題で出題される可能性はない。総SC数
については，3,000を少し超えている程度ということで覚える。総テ
ナント数は15万強で覚えるとよい。これらについては，自分なりに
工夫して，省エネを心がけてもらいたい。

⑧－衣類乾燥機

解説　家電4品目は，家庭用機器であれば，事業所で使用されてい
るものでも家電リサイクル法の対象となる。一方，業務用機器であれ
ば，家庭で使用されているものであっても家電リサイクル法の対象外
である。

⑨－TMO

解説　TMO（Town Management Organization：タウンマネージ
メント機関）は，中心市街地におけるまちづくりをマネージメント
する機関であった。

⑩－準都市計画区域内

解説　非線引き白地地域と準都市計画区域については，P37とP38
を再度見てもらいたい。

⑪－SPC法

解説　当初，流動化の対象となる資産が限定されていたが，2001年
4月の改正により，すべての財産権を対象とした流動化が可能になっ
た。現在,SPC法の正式名称は「資産の流動化に関する法律」である。

⑫－マスマーケット

解説　マスマーケットとは，かなりの数の最終消費者のために大量生産された商品の市場のこと。別言すれば，マスマーケットの商品の価格はかなり安いということ。また，「特に付加価値を追求していない」わけだから，利潤の追求を目先の目的としていないということ。
　　スーパーセンターの商品政策はこのほかに，スーパーストアよりも低い超低価格を恒常化させるため，粗利益率は18％程度に抑えている。試験対策としては，"粗利益率18％程度"は覚えておきたい。

⑬－テナントミックス

解説　一方，SCにおけるテナントの役割はP164のオで記述したように，「ディベロッパーの理念・戦略目標を十分理解し，SCに入店するほかのテナントなどと協調することである」。

⑭－ホームインプルーブメント

解説　ホームセンターの住居関連需要にはホームインプルーブメントのほかにホームファーニシング，ホームデコレーションがあるが，中でもホームインプルーブメント分野の専門性の強化がホームセンターにとって重要となる。

⑮－ターゲットマーケティング

解説　日本の百貨店のキーワードは"マルチターゲット政策"，アメリカのデパートメントストアのキーワードは"ターゲットマーケティング"である。

⑯－デモグラフィック

解説　デモグラフィック要因に関しては次の通りである。リタイアした高齢者層（団塊の世代の人々）を追い続けている専門店は総じて業績が落ち込んでいるが，一方，団塊ジュニア市場をターゲットに積極的に取り組んでいる専門店は比較的業績を伸ばしている。

⑰－田園住居地域

解説　田園住居地域とは，都市部における田園風景と，それがもたらす良好な低層住宅の環境を守ることを目指して定められたものである。

⑱－トータル・バリューチェーン

解説　DCM は「店舗―本部―卸売業―メーカー」を包含した経営コンセプトになりつつあり，販売予測等はメーカーの生産計画にも反映されることになる。

⑲－バラエティ志向

解説　なお，ディスカウント志向型ドラッグストアは，少品種多量販売をアソートメントの基本としている。また，単品は売れ筋のみに絞り込み，季節商品を中心にどこよりも早く仕入れることを信条としている。

⑳－消費即時性

解説　CVS システムが創出した流通面における効用は，商品，時間，場所，品ぞろえ，消費即時性の側面から捉えることができる。このうち，「場所の効用」とは，CVS がエリアドミナント戦略を推進したことにより，店舗数が増加し，顧客の利便性が高まったことをいう。

スイスイうかる 販売士(リテールマーケティング)1級 問題集 part1

2023年3月20日　初版　第1刷発行
2024年7月10日　初版　第2刷発行

編　　　集	TAC販売士研究会
著　　　者	中　谷　安　伸
発　行　者	多　田　敏　男
発　行　所	TAC株式会社　出版事業部 （TAC出版）

〒101-8383
東京都千代田区神田三崎町3-2-18
電話 03(5276)9492(営業)
FAX 03(5276)9674
https://shuppan.tac-school.co.jp

組　　　版	有限会社 文　字　屋
印　　　刷	日　新　印　刷　株式会社
製　　　本	株式会社 常　川　製　本

© TAC 2023　　Printed in Japan

ISBN 978-4-8132-9960-8
N.D.C. 338

TAC出版 書籍のご案内

TAC出版では、資格の学校TAC各講座の定評ある執筆陣による資格試験の参考書をはじめ、資格取得者の開業法や仕事術、実務書、ビジネス書、一般書などを発行しています!

TAC出版の書籍

*一部書籍は、早稲田経営出版のブランドにて刊行しております。

資格・検定試験の受験対策書籍

- ✪日商簿記検定
- ✪建設業経理士
- ✪全経簿記上級
- ✪税 理 士
- ✪公認会計士
- ✪社会保険労務士
- ✪中小企業診断士
- ✪証券アナリスト

- ✪ファイナンシャルプランナー(FP)
- ✪証券外務員
- ✪貸金業務取扱主任者
- ✪不動産鑑定士
- ✪宅地建物取引士
- ✪賃貸不動産経営管理士
- ✪マンション管理士
- ✪管理業務主任者

- ✪司法書士
- ✪行政書士
- ✪司法試験
- ✪弁理士
- ✪公務員試験(大卒程度・高卒者)
- ✪情報処理試験
- ✪介護福祉士
- ✪ケアマネジャー
- ✪電験三種 ほか

実務書・ビジネス書

- ✪会計実務、税法、税務、経理
- ✪総務、労務、人事
- ✪ビジネススキル、マナー、就職、自己啓発
- ✪資格取得者の開業法、仕事術、営業術

一般書・エンタメ書

- ✪ファッション
- ✪エッセイ、レシピ
- ✪スポーツ
- ✪旅行ガイド (おとな旅プレミアム/旅コン)

TAC出版

(2024年2月現在)

書籍のご購入は

1 全国の書店、大学生協、ネット書店で

2 TAC各校の書籍コーナーで

資格の学校TACの校舎は全国に展開!
校舎のご確認はホームページにて

資格の学校TAC ホームページ
https://www.tac-school.co.jp

3 TAC出版書籍販売サイトで

CYBER TAC出版書籍販売サイト
BOOK STORE

24時間
ご注文
受付中

TAC 出版　　で　検索

https://bookstore.tac-school.co.jp/

新刊情報を
いち早くチェック!

たっぷり読める
立ち読み機能

学習お役立ちの
特設ページも充実!

TAC出版書籍販売サイト「サイバーブックストア」では、TAC出版および早稲田経営出版から刊行されている、すべての最新書籍をお取り扱いしています。

また、会員登録(無料)をしていただくことで、会員様限定キャンペーンのほか、送料無料サービス、メールマガジン配信サービス、マイページのご利用など、うれしい特典がたくさん受けられます。

サイバーブックストア会員は、特典がいっぱい!(一部抜粋)

通常、1万円(税込)未満のご注文につきましては、送料・手数料として500円(全国一律・税込)頂戴しておりますが、1冊から無料となります。

専用の「マイページ」は、「購入履歴・配送状況の確認」のほか、「ほしいものリスト」や「マイフォルダ」など、便利な機能が満載です。

メールマガジンでは、キャンペーンやおすすめ書籍、新刊情報のほか、「電子ブック版TACNEWS(ダイジェスト版)」をお届けします。

書籍の発売を、販売開始当日にメールにてお知らせします。これなら買い忘れの心配もありません。

書籍の正誤に関するご確認とお問合せについて

書籍の記載内容に誤りではないかと思われる箇所がございましたら、以下の手順にてご確認とお問合せをしてくださいますよう、お願い申し上げます。

なお、正誤のお問合せ以外の**書籍内容に関する解説および受験指導などは、一切行っておりません。**
そのようなお問合せにつきましては、お答えいたしかねますので、あらかじめご了承ください。

1 「Cyber Book Store」にて正誤表を確認する

TAC出版書籍販売サイト「Cyber Book Store」の
トップページ内「正誤表」コーナーにて、正誤表をご確認ください。

CYBER TAC出版書籍販売サイト
BOOK STORE

URL：https://bookstore.tac-school.co.jp/

2 ■の正誤表がない、あるいは正誤表に該当箇所の記載がない
⇒ 下記①、②のどちらかの方法で文書にて問合せをする

★ご注意ください★

お電話でのお問合せは、お受けいたしません。
①、②のどちらの方法でも、お問合せの際には、「お名前」とともに、
「対象の書籍名（○級・第○回対策も含む）およびその版数（第○版・○○年度版など）」
「お問合せ該当箇所の頁数と行数」
「誤りと思われる記載」
「正しいとお考えになる記載とその根拠」
を明記してください。
なお、回答までに１週間前後を要する場合もございます。あらかじめご了承ください。

① ウェブページ「Cyber Book Store」内の「お問合せフォーム」より問合せをする

【お問合せフォームアドレス】

https://bookstore.tac-school.co.jp/inquiry/

② メールにより問合せをする

【メール宛先　TAC出版】

syuppan-h@tac-school.co.jp

※土日祝日はお問合せ対応をおこなっておりません。
※正誤のお問合せ対応は、該当書籍の改訂版刊行月末日までといたします。

乱丁・落丁による交換は、該当書籍の改訂版刊行月末日までといたします。なお、書籍の在庫状況等により、お受けできない場合もございます。
また、各種本試験の実施の延期、中止を理由とした本書の返品はお受けいたしません。返金もいたしかねますので、あらかじめご了承くださいますようお願い申し上げます。

（2022年7月現在）